A IGREJA DO PAPA FRANCISCO

à luz do Vaticano II

A IGREJA DO PAPA FRANCISCO

à luz do Vaticano II

Pe. Marlos Aurélio, C.SsR.

EDITORA
SANTUÁRIO

Direção Editorial:
Pe. Fábio E. R. Silva, C.Ss.R.

Copidesque:
Leo A. de Andrade

Revisão:
Thiago Figueiredo Tacconi

Capa e Diagramação:
Tatiana Alleoni Crivellari

ISBN: 978- 85-369-0452-8
1ª impressão

EDITORA SANTUÁRIO
Rua Padre Claro Monteiro, 342
12570-000 – Aparecida-SP
Fone: (12) 3104-2000
vendas@editorasantuario.com.br
www.editorasantuario.com.br

Dados Internacionais de Catalogação na Publicação (CIP)
(Câmara Brasileira do Livro, SP, Brasil)

A Igreja do Papa Francisco à luz do Vaticano II / Marlos Aurélio.
Aparecida, SP: Editora Santuário, 2016.

ISBN 978-85-369-0452-8

1.Concílio Vaticano (2.: 1962-1965) 2. Cristianismo
3. Francisco, Papa, 1936- 4. Igreja Católica - História
I. Título.

16-05460 CDD-262.8

Índices para catálogo sistemático:
1. Eclesiologia: Igreja Católica: Teologia 262.8

Aos meus pais, José Aurélio e Maria Helena, aos meus irmãos Mauro César e Anderson José, aos meus confrades redentoristas, aos meus(minhas) alunos(as) e às comunidades eclesiais, com as quais aprendi o verdadeiro significado de ser Igreja viva.

SIGLAS

AA = *Apostolicam actuositatem**
AAS = *Acta apostolicae sedis*
CD = *Christus Dominus**
CTI = Comissão Teológica Internacional
DA = Documento de Aparecida
EG = *Evangelli gaudium*
LF = *Lumen Fidei*
LG = *Lumen gentium**
LS = *Laudato Si*
OE = *Orientalium Ecclesiarum**
PdD = Povo de Deus
PE = Plano de Emergência
PPC = Plano Pastoral de Conjunto
PP = *Populorum progressio*
SC = *Sacrosanctum concilium**
ST = *Summa Theologica*
UR = *Unitatis redintegratio**
Vat. I = Concílio Vaticano I
Vat. II = Concílio Vaticano II

* *Cf.* CONCÍLIO VATICANO II

PREFÁCIO

Em boa hora, Marlos Aurélio oferece um estudo da maior relevância com seu livro *A Igreja do Papa Francisco à luz do Vaticano II*. Com efeito, o pontificado de Francisco retoma e relança com entusiasmo e frescor as intuições maiores do Concílio Vaticano II (1962-1965), atualizadas para a situação e desafios do momento presente.

O fecho do Concílio foi a Constituição Pastoral *Gaudium et Spes* (GS) sobre a Igreja no mundo de hoje, com seu luminoso proêmio:

> As alegrias e as esperanças, as tristezas e as angústias dos homens de hoje, sobretudo dos pobres e de todos aqueles que sofrem, são também as alegrias e as esperanças, as tristezas e as angústias dos discípulos de Cristo; e não há realidade alguma verdadeiramente humana que não encontre eco no seu coração [...]. Por este motivo, a Igreja sente-se real e intimamente ligada ao gênero humano e à sua história. (GS 1)

A GS coloca a Igreja no coração do mundo, a serviço dos mais pobres. E necessário contraponto à Constituição dogmática *Lumen Gentium* (LG) sobre a Igreja, aprovada um ano antes, cujo cerne é a definição da Igreja como "Povo de Deus".

À Igreja como povo de Deus, dedica o autor todo o segundo capítulo do seu livro, indicando os percalços de sua trajetória por parte daqueles que gostariam de voltar a uma definição de Igreja a partir de sua estrutura hierárquica, e não da radical igualdade de todos os cristãos no sacerdócio comum do conjunto dos fieis. "Povo de Deus" é noção bíblica. Está ancorada no sacramento do batismo, raiz e fonte dos demais sacramentos, e proclama a vocação universal de todos os batizados e batizadas à santidade e à missão como "discípulos e missionários", na feliz expressão cunhada posteriormente pela V Conferência Geral do Episcopado Latino-Americano, em Aparecida (2007).

Entretanto, ao alçar o ensinamento da GS ao *status* maior de "constituição" conciliar, na qual muitos queriam ver apenas novos aditamentos à já tradicional doutrina social da Igreja, confere-se a este serviço da Igreja à humanidade uma dimensão inerente à sua própria natureza e inarredável missão.

Ao emprestar-lhe a inusitada nota de constituição "pastoral", restabeleceu-se o primado do serviço pastoral na vida da Igreja, na linha da antiga tradição: "Salus animarum suprema lex" (A suprema lei na Igreja é a salvação das pessoas).

Reside aqui a famosa "pastoralidade" que João XXIII quis imprimir ao Vaticano II, e que o Papa Francisco evoca com muita ênfase a cada momento do seu pastoreio e ensinamento.

No discurso de abertura do Vaticano II, João XXIII propunha que no Concílio não houvesse nem condenações nem anátemas, mas que prevalecesse a serena apresentação da verdade, e que a Igreja usasse, para tanto, "o remédio da misericórdia mais do que o da severidade".[1] E conclui: "Será preciso atribuir muita importância a esta forma e, se necessário, insistir com paciência, na sua elaboração; e dever-se-á usar a maneira de apresentar as coisas que mais corresponda ao magistério, *cujo caráter é prevalentemente pastoral*".[2]

---

1 Papa João XXIII, *Gaudet Mater Ecclesia*, Roma, 1/10/1962, VII, 2.
2 *Ibidem*, VI, 5.

Ao proclamar um Jubileu extraordinário centrado na misericórdia, o Papa Francisco retoma com ênfase a proposta conciliar do remédio da misericórdia sobrepondo-se ao da severidade.[3] E agora, na exortação pós-sinodal *Amoris Laetitia*, o fio condutor reforça o alerta de João XXIII de que mesmo a doutrina tem que estar revestida deste caráter prevalentemente pastoral e que a misericórdia é a principal chave de leitura para toda a ética cristã.[4]

Em três densos capítulos, mas de leitura fácil e agradável, Marlos recupera, no primeiro deles, o evento conciliar e seu significado como concílio eclesiológico.

Detém-se sobre a Igreja como Povo de Deus, no segundo capítulo, e apresenta a nova fisionomia eclesial na era pós-conciliar, no terceiro capítulo.

Traça as idas e vindas da recepção conciliar, o conflito das interpretações para entrar no que chamou de "nova estação eclesial", com a eleição do Papa Francisco. Esta é a parte mais original do livro, por oferecer o enlace entre o Concílio, sua recepção e sua retomada com os gestos e os ensinamentos do Papa Francisco.

Nesse sentido, coloca em destaque algumas notas dessa eclesiologia: uma Igreja da proximidade e do encontro; Igreja, como casa da misericórdia; espaço da alegria; missionária e em saída; Povo de Deus; pobre para os pobres; colegial e participativa; disposta à conversão; mãe e pastora; simples e profética.

Esses acentos pastorais implicam, por sua vez, um repensar da própria doutrina. Por isso, seria bom aprofundar o quanto pode haver de continuidade pastoral entre Papa Francisco, Vaticano II

---

3 Papa Francisco, *Misericordiae Vultus* – Bula de convocação do Jubileu da Misericórdia, Roma, 11/4/2015.

4 *Idem*, Exortação pós-sinodal *Amoris Laetitia*, sobre o amor na família. Roma, 19/3/2016. Confira-se, em particular, os capítulos 6 e 8, com aplicações pastorais. Veja-se também o artigo de Maria Clara Bingemer, *A misericórdia como chave de leitura da ética cristã*, disponível em: <ceseep.org.br>, de 18/4/2016.

e a grande tradição da Igreja, e também com que intensidade determinadas rupturas tocam, igualmente, a doutrina. Há por certo continuidade, mas também ruptura numa definição de Igreja como Povo de Deus, servidora e pobre, em relação a uma concepção de Igreja de corte jurídico e não pastoral, centrada mais na hierarquia e no poder, menos laical e a serviço dos pequenos.

O livro de Marlos presta um bom serviço para se interpretar este novo momento da vida da Igreja, em íntima conexão com a revolução eclesial do Concílio Vaticano II, acolhida na América Latina com criatividade e audácia nas Comunidades Eclesiais de Base, na opção preferencial pelos pobres e no seu compromisso libertador na esfera econômica, social e política.

Papa Francisco levou para Roma esta sua herança latino-americana na vivência do Vaticano II, colhida nas conferências gerais do episcopado latino-americano em Medellín (1968), Puebla (1979), Santo Domingo (1992) e Aparecida (2007), de cujo documento final participou intensamente, como coordenador da comissão de redação.

José Oscar Beozzo

SUMÁRIO

II - IGREJA POVO DE DEUS

III - A ERA PÓS-CONCILIAR: UMA NOVA FISIONOMIA ECLESIAL

INTRODUÇÃO

Como todo livro, também este quer ser apenas um mapa orientador na aventura de percorrer algumas das sendas eclesiais. Certamente, muito poderia ser aprofundado e percebido de outra forma, mas é difícil escapar da condição de olhares subjetivos quando adentramos essa singular e maravilhosa catedral semiótica chamada Igreja, que perpassa e resiste há mais de dois mil anos na História.

A Igreja é assunto primeiramente de teologia, e não simplesmente assunto de história ou de sociologia. Por isso é que a teologia sobre a Igreja, a eclesiologia, "pertence ao coração da teologia" (BARREIRO, 1994, p. 29). Pois, em última instância, a teologia nos permite ver que a Igreja é resultado da atividade salvífica de Deus uno e trino. Assim, a Igreja é "mistério", somente e precisamente porque participa do mistério da redenção e da salvação, querida por Deus Pai, realizada por Jesus Cristo e operada pelo Espírito Santo. Ademais, em LG 8 corrobora-se que a Igreja é uma "realidade complexa" que tem dimensões humanas e divinas. Daí a importância de identificar seus mecanismos de constituição, ou seja, suas variadas configurações histórico-sociais (MIRANDA, 2009, p. 168-169).

Por conseguinte, o tema Igreja deveria interessar a qualquer pessoa medianamente instruída, uma vez que é impossível entender a História do Ocidente sem se referir a ela. Embora, seja cada vez mais crescente a onda secularizadora em nossa sociedade pós-moderna, e haja uma relativização absurda de todas as instituições, a Igreja permanece sendo uma passagem obrigatória por aquilo que representa e realiza.

Em todo caso, afortunadamente não faltam bons manuais de eclesiologia, tanto nacionais como estrangeiros. E todos colocam ao seu modo, e segundo o método que utilizam, algum aspecto em evidência. No caso específico deste livro, o escopo é de tratar da eclesiologia do Concílio Vaticano II. Contudo, acreditamos que essa empreitada seria inócua e inútil, se isolada do que existiu antes e depois desse grande marco eclesiológico do século XX e dos últimos anos. Portanto, embora não se constitua total novidade o que vamos apresentar, visto que se tem escrito tanto sobre a eclesiologia conciliar, acreditamos que nosso diferencial esteja em apresentar isso de maneira bastante didática e acessível - acima de tudo, ampliando o antes e o depois do concílio em questão. Na verdade, este pretende ser um instrumento facilitador para uma compreensão rápida e de conjunto dos principais capítulos da eclesiologia, mormente daquela que brota do Vat. II.

Posto isso, acreditamos que, passados cinquenta anos do encerramento do Vaticano II (1962-1965), estamos ainda em pleno processo de sua recepção. E nada melhor que revisitar e se deixar provocar por suas intuições e proposições - embora deva prevalecer a sadia pluriformidade eclesiológica, afinal, a Igreja nunca foi homogênea nem bíblica, nem teologicamente; ela é indiscutivelmente uma realidade multifacetada. Todavia, isso não pode nos conduzir à negação de sua nota ou propriedade de unidade. Nesse sentido, o referencial seguro e imprescindível para salvaguardar uma real convergência de esforços e de direção é o Concílio Vaticano II. A partir dele, entramos em contato com a autocompreensão mais atual da Igreja. Obviamente, acolhendo e interpretando suas diretivas a partir de cada contexto socioeclesial.

Por fim, ainda que o Papa Francisco não tenha sido padre conciliar durante o Vaticano II, ele foi capaz de assimilar o seu espírito e de entender o alcance das transformações que a Igreja deveria realizar. Portanto, sua eleição significou uma nova primavera no jardim eclesial. Desde o início de seu pontificado, Francisco demonstrou abertamente seu desejo de uma Igreja sinodal, participativa, dialogante com a sociedade e comprometida com a causa dos empobrecidos. Na base de seus gestos e palavras, são notáveis as inspirações conciliares. Furtar-se a perceber isso, ou deixar de aderir ao grande momento eclesial que vivemos atualmente e que está em linha de continuidade com a história conciliar, é "perder o bonde da História". A relevância e pertinência da Igreja dependerá inevitavelmente dessa capacidade de interagir com a sociedade e com as pessoas concretamente. Foi exatamente essa a escolha que o Vaticano II fez e o caminho que abriu irreversivelmente para o futuro eclesial!

I

VATICANO II: UM CONCÍLIO DA IGREJA SOBRE A IGREJA

1. Da etimologia à teologia sobre a Igreja

Acreditamos que, para se fazer uma adequada tratativa da eclesiologia, que é a teologia sobre a Igreja, faz-se necessário, antes de tudo, ter bem claro os termos em questão. Seria por demais complicado querer compreender ou refletir a eclesiologia conciliar, sem antes conhecer qual é a atribuição deste campo do conhecimento teológico, isto é, quais são sua tarefa, pertinência e especificidade.

Por essa razão, escolhemos iniciar nosso percurso fundamentando-nos naquilo que é a base de tudo, ou seja, a etimologia da palavra "igreja". Afinal, de onde ou do que surge este termo? Ora, ele tem sua raiz em εκκλησια (*ekklêsia*), que é um vocábulo extraído da língua grega profana. Este era o termo técnico usado para indicar a assembleia política dos cidadãos livres das cidades-estado gregas. A finalidade de tais assembleias era de tomar decisões políticas ou jurídicas de uma determinada coletividade. De modo que essa palavra aplicada para tais reuniões tinha uma origem de caráter político, pois era utilizada para convocar eleições na pólis ou uma assembleia cidadã para os homens livres e com direitos políticos. Ademais, aplicava-se também este termo para assembleias sociais e familiares. Assim, quase todo tipo de convocação de pessoas poderia receber a designação de *ekklêsia*.

Isso posto, podemos agora entender melhor o vocábulo grego em questão e sua incidência no campo religioso-teológico. Ora, *ekklêsia* – εκκλησια deriva da palavra grega *ekklesi*. Esta é composta de: *ek,* que quer dizer "fora do grupo" e *kaleō*, "chamo", "convoco", "reúno". Daí existirem os *Klètoi*, os chamados. Por conseguinte, a característica determinante disso é que o Povo de Deus é um povo convocado: *ek-klesia* (no grego *ek-kalein* = chamar para fora).

Dessa maneira, nas línguas germânicas a palavra igreja procede do grego tardio ou popular bizantino *Kyriké/Kiriakón* = "Casa/ família de Deus", "Casa do Senhor". Daí *kirika* = *Kirche* no alemão, *kerk* no holandês e *church* no inglês. E nas línguas românicas, manteve-se a dependência direta da palavra grega usada no Novo Testamento para *ecclesia,* ou seja, fez-se uma transposição sem traduzi-la. Assim, desde o século II, este se tornou o termo técnico utilizado no âmbito teológico. Daí existir, então, a variação de acordo com as diversas línguas neolatinas: *église* no francês, *chiesa* no italiano, *iglesia* no espanhol e *igreja* no português.

Do que foi exposto até o momento, o conceito "Igreja" é importante não por sua etimologia grega, mas pelo fato de ser uma tradução dos termos hebraicos do *Antigo Testamento – Qāhāl e eda*. Ambos significam *comunidade* ou *assembleia do povo de Israel*, principalmente como comunidade religiosa e cultual, mas com *nuance* diferente. *Qāhāl*, de origem deuteronomista, indica o momento ativo da comunidade ou da assembleia convocada por Deus. Seria *Ecclesia convocans et congregans*. É encontro, reunião, aglomeração, assembleia litúrgica de Israel; assembleia (santa) sinaítica de Israel, a assembleia fundante, a identidade religiosa de Israel: Ex 19; Ex 12,16; Lv 23,2; Nm 29,1; Dt 4,10. *Eda*, de origem dos escritos sacerdotais e da literatura pós-exílica, indica o momento passivo da *comunidade reunida*, ou seja, como congregação. Seria *Ecclesia convocata et congregata. Eda* foi traduzida por *sinagoghê* (sinagoga), que se tornou o nome fixo para indicar tanto a comunidade religiosa judaica quanto o seu lugar de reunião.

A *Septuaginta* traduziu *Qāhāl* por *Ekklêsía*. Nela, aparece a expressão *ekklêsia tou theou* (Igreja de Deus) referida à assembleia do povo no Sinai e em outras ocasiões religiosas. Sendo, portanto, uma reunião plenária do Povo de Deus – Dt 23,2-9.

> Traduzindo *qāhāl* pelo grego *ekklesia*, a Bíblia dos LXX preparou a passagem para os novos tempos. Continuidade na descontinuidade, continuidade na travessia, ou seja, a comunidade cristã considera-se sempre como o novo povo de Deus, a convocação escatológica da salvação, a comunidade da nova e eterna aliança, o "Israel de Deus". (Gl 6,16) (FROSINI, 2001, p. 162)

Alguns estudiosos afirmam que a escolha deste termo pelo Novo Testamento foi deliberada para se opor à *synagôgê* judia – para indicar sua liberdade em relação à lei de Moisés, e a não necessidade de um número mínimo de componentes. Mas de qualquer modo, o aspecto litúrgico (*qāhāl*) e social-político (*ekklêsia*) parecem ser as prováveis justificativas de tal opção.

No Novo Testamento, com exceção de Tg 2,2 (que usa "sinagoga"), a opção foi por *ekklêsia*. Ainda que o termo não seja evangélico (recorre apenas em Mt 16,18 e 18,17), mas pertença à consciência reflexiva das comunidades cristãs (cartas apostólicas e Atos). De maneira que *ekklēsia* tem a recorrência de 114 vezes no Novo Testamento: duas em Mateus, 19 nos Atos, 19 no Apocalipse e o restante nas cartas apostólicas.

Assim, no Novo Testamento, a palavra *ekklêsía* tem ao menos quatro significados mais usuais:

1) indica a *comunidade local*, reunião concreta de uma fraternidade judaica crente em Jesus numa determinada cidade (At 2,47; Rm 1,7; 1 Cor 1,2; 1 Cor 16,19; Rm 16, 5; Cl 4,15);

2) refere-se a um grupo que se reúne na *casa de alguém* 1 Cor 16,18; Cl 4,15 – configuração doméstica – *oikós* – que perdura até o século III;
3) trata-se das igrejas de uma *província*: Galácia, Ásia Menor, Macedônia, Judeia – caráter universal utilizado gradativamente (escritos deuteropaulinos): 2 Cor 8,1; 1 Ts 2,14; Gl 1,13; At 20,28;
4) aponta para a *assembleia litúrgica*/cultual/memorial. Mas a Igreja que faz memória é a mesma que segue o Mestre (1 Cor 11,18; 14,19).

Dessa maneira, *ekklêsia* é a totalidade do Povo de Deus mais vasta que suas manifestações concretas. Assim, não se refere à edificação, construção de templo etc. A Igreja é "universal" e "particular", e essa *dialética* pertence a sua essência. Em 1 Cor 1,2 lemos: "todos os que invocam em qualquer lugar [...]". Portanto, a *ekklêsia* não tem conotação restritiva, mas é absolutamente inclusiva.

Enfim, é sumamente relevante destacar a passagem de um termo de origem profana para o de noção religiosa. Pois a "Igreja" tornou-se não uma reunião livre de alguns, mas a reunião daqueles que reconhecem o Deus de Jesus como aquele que convoca, e que por isso, torna-se ele o centro da reunião. Em sua aplicação religiosa, houve uma evolução do ponto de vista de seu conteúdo, porque passou a significar a reunião não somente dos homens, mas também das mulheres e crianças. Em suma, a reunião de todos que foram chamados para aceitar a decisão de Deus na sua Palavra, e não para tomar uma decisão política apenas, como indicava o significado profano. Portanto, a *ekklêsia cristã* é a convocação por antonomásia; convocação teológica (Deus mesmo quem convoca), e nesta não há nenhum tipo de discriminação!

2. Porque teve "início" a Igreja, "nasceu" a eclesiologia

Não existe na mensagem de Jesus nenhuma ordem ou detalhamento de como deveria ser a constituição definitiva e pronta da Igreja. Todavia, do conjunto do Novo Testamento encontramos vários elementos que as primeiras comunidades cristãs foram tomando como balizas imprescindíveis para edificar a Igreja de Jesus. De forma que, embora não exista uma ata de fundação da Igreja, nem um discurso inaugural feito por Ele, a Igreja é toda relativa a Jesus e depende exclusivamente do mistério pascal que ele realiza e celebra com a humanidade. Portanto, tem sentido afirmar que é Jesus realmente o fundamento da Igreja, sem o qual ela se tornaria uma instituição ou agrupamento humano qualquer.

Em outros termos, é realmente difícil estabelecer qual é a relação entre Jesus e a organização eclesial, pois Ele não estipulou como deveria ser governada a Igreja nem com quais estruturas. Aliás, chama a atenção o silêncio do Novo Testamento sobre os critérios e as modalidades de organização e de guias das comunidades; o que ocasionou as diversas formas de organização das igrejas cristãs e do exercício de direção delas (ALBERIGO, 2003, p. 208). Todavia, em várias situações tornou-se evidente que tanto a organização quanto a direção não deveria ser modelada com base no poder dominador. Jesus confiou na capacidade da Igreja, entendida como comunidade de amor, de encontrar novas formas e estruturas para sua composição (McKENZIE, 1969, p. 48). Aliás,

> a Igreja primitiva em sua primeira experiência de institucionalização, manteve um amplo espaço de liberdade nas formas históricas de se estruturar. Não teve medo de se adequar à realidade social e

> sobretudo às necessidades da missão para se dar um rosto. Como exemplo, sirva-se o confronto das comunidades de Jerusalém e de Antioquia. (PEGORARO, 1983, p. 32)

Muito brevemente, é necessário ver que há uma relação indissociável entre Jesus e a Igreja e vice-versa. Em linguagem mais técnica dizemos que toda cristologia é eclesial; como uma Igreja sem Cristo não seria Igreja. Tudo o que sabemos sobre Jesus Cristo o sabemos pela Igreja. Portanto, a oposição entre Jesus Cristo e a Igreja destrói a fidelidade à Igreja, mas também a fé em Jesus Cristo e sua memória. Assim, como não se pode separar Jesus pré-pascal do Cristo ressuscitado, também não se pode separar Jesus de sua Igreja. A Igreja torna-se o lugar hermenêutico do acontecimento salvífico operado por Deus; acesso a Jesus histórico e ao Cristo da fé através do seu querigma. Uma cristologia só é possível dentro de uma eclesiologia. Em suma, Jesus Cristo e a Igreja são inseparáveis, embora distintos. A Igreja não é autônoma, mas teônoma; não tem sua origem nela mesma, mas em Deus e é totalmente relativa a Jesus Cristo (BARREIRO, 1994, p. 29-36).

Isso posto, é fácil inferir que "antes de existir a eclesiologia, já existia a Igreja", ou seja, a realidade primeira é o acontecimento eclesial. E a obviedade disso está no fato que toda *logia* surge após a existência de um objeto definido e presente dentro da História. Não pode haver nenhum tipo de antecipação em relação a isso, ou seja, é dentro dessa lógica que tudo funciona. Por isso, primeiramente surgiu a Igreja como assembleia dos cristãos e, com o desenrolar do tempo, paulatinamente, foi sendo forjada uma eclesiologia com o fito de compreender a missão e a natureza dessa instituição religiosa e social.

Desse modo, o Cristianismo comporta esse paradoxo; isto é, através de uma instituição, foi preservada a mensagem de Jesus, que não era institucional. Sem a comunidade de fé institucionalizada não se teria acesso à memória nem aos ensinamentos de Jesus. Isso permite recordar que

> a fé nos chega sempre mediatizada pela Igreja, pois a plenitude da fé se encontra na Igreja e "a fé do cristão não é senão uma *participação nesta fé comum da Igreja*. É pela mediação da Igreja, é no interior da Igreja que o cristão pode dizer com toda verdade: eu creio em Deus" (DE LUBAC, *La foi chrétienne*, p. 221) [...] "Todo Cristianismo privado é ilegítimo", como afirmava Karl Barth [...] *a eclesialidade da fé cristã*. Esta é teologal em seu objeto, por se dirigir ao próprio Deus, mas em sua modalidade é eclesial, pois é a Igreja que garante a autenticidade do meu ato de fé. É a Igreja que nos ensina a dizer: eu creio, nós cremos (*Porta Fidei 10*). (MIRANDA, 2013, p. 138-139)

Assim, para se entender melhor esse processo que se desencadeou, temos de considerar que a eclesiologia surgiu tardiamente e dentro de um contexto polêmico, marcado por condicionamentos sociopolíticos: as disputas entre Felipe IV, o Belo, (1285-1314) e Bonifácio VIII (1294-1303). Sobre este pontífice, sabe-se que era um hábil canonista que se chamava Benedetto Caetani. Como Papa, interveio constantemente nos assuntos internacionais, porém nem sempre com êxito. Tinha uma concepção da função papal como a de um árbitro universal. Foi o primeiro Papa a proclamar um ano jubilar, em 1300, com indulgências para quem visitasse o túmulo dos apóstolos. Ele é recordado sobretudo por sua bula *Unam sanctam* (1302). Nesta, apresenta-se uma doutrina do poder temporal do Papa; defende-se a liberdade da Igreja e proclama-se a submissão do poder temporal ao espiritual. O Papa reivindicava então a plenitude de poder (O'DONNELL; PIÉ-NINOT, 2001, p. 114).

Desde o início, então, existe este paradoxo: não existiu eclesiologia quando a Igreja era algo óbvio, quando estava fortemente afirmada e vivenciada. No entanto, ela fez-se inevitável quando sua presença e evidência foram questionadas ou quando se intensificaram as tensões no seu interior, ou em torno dela. E as teorias teológicas que se desenvolveram a partir do segundo milênio, concernentes à Igreja, foram elaboradas à margem do quadro sacramental tradicional que definiu e caracterizou o primeiro milênio. Ou seja, quebrou-se a íntima relação existente entre eucaristia e Igreja. A hierarquia passou a ser entendida como *potestas,* desconectada da referência eucarística, gerando uma estrutura clerical e piramidal na concepção de Igreja.

Portanto, a eclesiologia tem seu nascimento quando da discussão do poder do sacerdócio, singularmente do Papa, a respeito do poder temporal (consequentemente também no seio da Igreja). Portanto, o primeiro *tratado especificamente* sobre a Igreja foi, provavelmente, *De regimine Christiano,* de Tiago de Viterbo (*ca.* 1301). Porém,

> trata-se de um pequeno opúsculo que pode ser considerado já como um verdadeiro tratado sobre a Igreja no qual encontramos doutrinas de origem agostiniana – por exemplo, a doutrina teocrática – e outras de matriz tomista – por exemplo, a ideia do direito natural do estado – combinadas num esforço conciliador que dá a esta obra o seu próprio aspecto: o de ser uma obra de transição. (PIÉ-NINOT, 1994, p. 9)

Apesar de este ser considerado tradicionalmente como o primeiro tratado de eclesiologia, na verdade não oferece ainda uma postura clara a respeito.

Egidio Romano (século XIV), em *De ecclesiastica sive Summi Pontificis potestate*, defende uma postura marcadamente papista ao atribuir ao Papa um poder indireto inclusive em assuntos temporais. João de Paris (1255-1306),[5] por sua vez, apoiando-se no fato de que Cristo careceu de poder, considera que a Igreja não deve influenciar diretamente na ordem temporal, mas somente indiretamente, em virtude da ordem sagrada e do magistério. Ao mesmo tempo, vai se configurando então uma tendência à consideração interior e espiritualista da Igreja, especialmente por parte dos franciscanos espiritualistas. Isso se agravará em Ockham e desembocará, através de Wycliff (1378) e de Hus (1423), em Lutero – sendo estes dois os primeiros que se utilizam do título *Tractatus de Ecclesia,* apresentando a Igreja como sociedade puramente espiritual, desprendida totalmente dos bens materiais e inclusive de ministérios. A Igreja era então concebida como uma realidade invisível, perceptível unicamente na fé, formada por individualidades salvadas e predestinadas (DE LA FUENTE, 2001, p. 8).

Entretanto, o primeiro tratado "mais completo", e que reflete uma postura mais equilibrada frente à complexidade da realidade eclesial, foi a *Summa de Ecclesia* (1489), de João de Torquemada (+1468), que propunha uma eclesiologia papista frente ao conciliarismo. Apoiou a política das Cruzadas defendida pelo Papa, bem como a da reforma das casas religiosas e do primado do Papa. Ele

> rejeita a possibilidade de aplicar à Igreja esquemas políticos deste mundo, já que é mistério de fé e seu poder vem do alto;

5 Que oficialmente era Jean Quidort, o Surdo, um monge dominicano, filósofo e teólogo nascido em Paris, que avançou em importantes e controvertidas ideias a respeito da autoridade papal e da separação entre Igreja e Estado. Foi um continuador rigorosamente fiel de nova síntese de Tomás de Aquino e talvez o mais poderoso e influente dos seus discípulos imediatos. Grande orador com conhecimentos literários e linguísticos, foi considerado um dos melhores teólogos da universidade e um dos mais brilhantes professores de seu tempo. Escreveu *De Potestate Regia et Papali.*

> em outra direção sustenta igualmente que o Cordeiro que se entregou pela Igreja previu a existência de órgãos santificadores e unificadores que a estabelecem como realidade social e sacramental (sua orientação papista se explica como reação frente aos excessos conciliaristas de Constância e Basiléia). (*Ibid.*, 2001, p. 8)

De modo que

> os primeiros tratados da eclesiologia são uma defesa do poder do Papa frente ao poder do imperador tratam da potestade papal e eclesiástica frente à civil. Seus próprios títulos são eloquentes: *Sobre a potestade do Sumo Pontífice*, *Sobre a potestade eclesiástica*, *Sobre a potestade régia e papal*, *Sobre o poder do Papa* [...]. (CODINA, 1993, p. 96)

Aliás, todas estas obras que indicam o nascimento da eclesiologia como tratado autônomo revelam por outro lado uma índole não teológica. Prevalece uma postura apologética que faz confrontar o poder papal contra conciliaristas e regalistas. Os católicos confrontarão os expoentes protestantes por sua visão considerada espiritualista ao excesso, e, portanto, avessa a uma visão institucional, social e visível da Igreja (MILITELLO, 2003, p. 30).

Também o Cisma de Avignon deu lugar a muitos escritos sobre a Igreja. E nos anos que se seguiram a Trento, o principal interesse da eclesiologia se concentrava na apologética. De modo que, ao longo dos séculos XIV e XV, multiplicaram-se os tratados *De Ecclesia*, ou seja, sobre a Igreja.

Não obstante tudo isso, foi somente no século XIX que se teve uma *inovação* no campo eclesiológico com teólogos importantes como J. A. Möhler (pai da eclesiologia renovada) e M. Scheeben, entre outros. Estes sim escreveram obras sistemáticas; outros como J. H. Newman, ex-anglicano e um dos líderes da minoria no Vaticano I, apresentaram uma eclesiologia profunda em distintos lugares de suas obras. Mais à frente, mencionaremos novamente o influxo destes grandes expoentes da eclesiologia renovada.

À guisa de síntese do exposto, nota-se então que durante o segundo milênio houve muita contestação à Igreja, sobretudo no seu aspecto institucional (Cisma do Oriente em 1054, Reforma Protestante no século XVI, mas também as heresias eclesiológicas: cátaros, valdenses, franciscanismo intransigente, Wyclif, Hus etc.). Isso faz lembrar a regra de ouro da dogmática: a reflexão sistemática surge no momento em que a fé é contestada. Existe então a posição daqueles que afirmam que a eclesiologia como disciplina aparece no século XVI, ou seja, como um tratado completo tendo a realidade eclesial como seu objeto. Porém, é sabido também que nem todos compartilham desta opinião, pois muitos consideram *o nascimento da eclesiologia enquanto tratado somente no século XIX*. Assim, o seu nascimento seria extremamente tardio, pois a reflexão explícita sobre a Igreja ocorrerá após a Idade Moderna. Entretanto, o certo é que desde o século XIV há escritos que colocam em evidência a Igreja como tema, ainda que distante no objeto e no método próprios de um tratado.

E para finalizarmos essa breve tratativa da eclesiologia, indicamos algumas das tarefas e competências dessa disciplina teológica que, ainda hoje, tem sua relevância na reflexão e na ação eclesial. Portanto, caberia à eclesiologia fomentar e responder sobre a origem, natureza e missão da Igreja. E ao referir-se às suas características próprias torna-se possível notar os contrastes com realidades como o poder, a pobreza, a liberdade, o individualismo etc. Mas, acima de tudo, deveria a eclesiologia provocar uma reflexão sobre qual Igreja queremos ou devemos ser, e que relação deve existir entre Igreja e sociedade; entre a Igreja Católica e as demais igrejas e religiões presentes em nosso mundo atual.

Ao mesmo tempo, torna-se claro o que não se constitui nem competência nem campo exclusivo da eclesiologia. Ou seja, ela não é estudo sobre a História da Igreja. Mesmo que continuamente se valha de dados históricos, seu escopo não é de valorizar nem cronologias ou biografias, mas de colher o "*logos* eclesial" que se manifesta em determinados eventos históricos. Tampouco a eclesiologia se confunde com espontâneas e superficiais "informações" sobre a Igreja. Pois isso passa bem longe do olhar analítico que deve ter quem se propõe a perscrutar o mistério eclesial. Por fim, eclesiologia não é análise sociológica da Igreja como se fosse uma instituição como as demais, ou simplesmente um conglomerado humano qualquer.

Aliás, é importante perceber que o específico da eclesiologia só pode ser captado com base no olhar da fé. Por isso, quando se pontua que a Igreja é mistério (este é o grande resgate que faz o Vat. II), é importante estar atento que tal realidade não tem a ver com algo inacessível ou enigmático. Mas assume,

> o sentido paulino de que a Igreja é o lugar onde é revelado o projeto salvífico de Deus realizado em Jesus Cristo, onde temos acesso ao conhecimento desse mistério e onde participamos dessa salvação. Não é possível chegar ao mistério da Igreja através de análises puramente históricas, sociológicas, antropológico-culturais etc. A verdadeira realidade da Igreja só pode ser vista com os olhos da fé. Por isso, o caminho que seguimos é fundamentalmente teológico. (BARREIRO, 1994, p. 10-11)

Isso, evidentemente, não nos faz desprezar as contribuições de análise de outras ciências humanas na compreensão da missão e da pertinência da Igreja para nossos dias.

Enfim, para nós, o que importa destacar neste breve percurso introdutório e histórico é que a teologia sobre a Igreja (eclesiologia) se tornou uma espécie de cruzamento de todas as especializações da teologia. Pois necessariamente pressuporá sempre os elementos das demais abordagens e disciplinas teológicas para um entendimento lato e profundo sobre o ser da Igreja, em meio a um mundo profundamente complexo e ambíguo. Fenomenologicamente, a Igreja tanto pode ser analisada desde dentro, de fora, no nível empírico ou normativo (autocompreensão). E, de modo breve e de simples compreensão, poderíamos definir a eclesiologia como um *conhecimento teológico organizado* sobre a Igreja (enquanto comunidade de fé) com fundamentação *bíblico-teológica* e numa perspectiva *histórico-crítica* a respeito da missão da Igreja no mundo.

3. A patrística como legado dos mestres

Dentre as muitas perspectivas sob as quais podemos colher o "*logos* eclesial" ou um dos *locus theologicus* ou *eclesiologicus* privilegiado está sem dúvida o período patrístico. Os Padres e Mestres da Igreja não representam toda a Tradição, mas são seus expoentes máximos, pois a reflexão que fazem é geralmente haurida da Escritura proclamada ao longo da História, na vida da Igreja. Por isso, reveste-se de valor exemplar para a comunidade de todos os tempos. Eles nos dão testemunho da Igreja das origens, da Igreja que se defende contra o paganismo, que se confronta com a tradição hebraica etc. Ecoam neles a voz da Igreja dos mártires e do esforço empreendido para compreender teologicamente o evento eclesial que eclode na História. Todavia, "nos padres existe a prioridade da Igreja sobre a eclesiologia. Por isso não há neles uma eclesiologia sistemática. Sua eclesiologia é simbólica (símbolos bíblicos e humano-populares). E este período tem também as suas tensões e conflitos" (CODINA, 1993, p. 69-70).

De maneira que

> nem Orígenes, nem Agostinho, nem Tomás de Aquino, nem Scotto – todos teólogos valentíssimos – dedicaram um tratado ao mistério da Igreja, ainda que, obviamente não puderam ignorá-lo; mas quando se ocuparam disso, fizeram-no sempre ocasionalmente e no contexto de outros assuntos, nunca direta, sistemática e exaustivamente. (MONDIN, 1986, p. 7)

Não obstante tudo isso, a Patrística é indispensável para se chegar àquilo que é a consciência da Igreja durante os primeiros séculos de sua existência. Porém, esta não é uma tarefa tão fácil, visto que o material que temos à disposição são traços e fragmentos, nada comparável a uma exposição sistemática.

Em suma, este período poder ser considerado de ouro da eclesiologia sem olvidar as tensões que estão também presentes nele. Sua grandeza foi resgatada e atestada por eminentes patrólogos – Henri de Lubac, Karl Rahner e Hugo Rahner, que possibilitaram essa "volta às fontes" conforme era o desejo do Vat. II. A Patrística é o período que se costuma designar como o da "Igreja Mistério" (categoria assumida posteriormente pelo Concílio), que se caracteriza pelo uso generalizado de imagens. Assim, a eclesiologia dos primeiros séculos da Igreja é a de comunhão e ligada às suas origens bíblicas.

> Neste estágio, a Igreja como comunidade de salvação não é nem um pouco ainda percebida como instituição, embora desde as primeiras gerações elementos institucionais se encontrem presentes nela, mas eles não são em nada percebidos como opostos à dinâmica que transforma a vida. (TIHON, 1995, p. 356)

Portanto, ainda que tenhamos de reconhecer e valorizar este período e seus muitos expoentes tanto do Oriente quanto do Ocidente, deve-se evitar o "endeusamento" desses Padres da Igreja. Não podem ser modelos para tudo, nem deram a última palavra em teologia. Ademais, no uso que se faz do pensamento deles é importante, igualmente, evitar que se incorra em anacronismos. E faz-se mister ver que a Igreja é também corpo histórico e não somente místico. Está situada dentro do espaço e tempo, e recebe e oferece condicionamentos sócio-históricos, sem que se possa reduzi-la a eles (EYT, 1969, p. 603). De qualquer maneira, o estudo da Patrística abre horizontes ecumênicos e pode ajudar a compreender a Igreja de hoje e seus desafios.

Neste sentido, é válida a constatação e advertência de que:

> Hoje os Padres são acusados de terem promovido a helenização do Cristianismo, enquadrando-o em categorias coisificadas, estáticas e platônicas, carentes da dimensão personalista e da dimensão histórica, encharcadas de um dualismo diante do qual sentimos hoje certa alergia [...]. Não vamos negar as acusações mencionadas. Mas há um outro lado da questão [...]. Nunca a teologia foi tão livre como na época patrística. Talvez por isso nunca foi mais viva, nunca foi mais popular e nunca esteve mais em diálogo com a cultura ambiente [...]. Se procurarmos conviver com eles, é possível que aprendamos algo [...] de sua enorme liberdade e de sua arriscada capacidade de erro, o que também é importante, porque Deus não venceu o erro simplesmente suprimindo-o para nossa comodidade, mas sim convertendo-o em matéria de uma verdade futura. (GONZÁLEZ FAUS, 1974, p. 375-376)

Portanto, esse rico legado que se constitui também em patrimônio teológico sobre a Igreja foi formulado pelos membros desta comunidade de fé e a ela pertence. Apesar das contradições que sempre se fizeram também presentes neste período, não se pode renunciar à contribuição que oferece para a reflexão teológica e eclesial.

4. Breve e necessária contextualização

Antes de avançarmos, é importante nos situarmos, embora dando um salto gigantesco na História. Pois dificilmente conseguiríamos entender o alcance e a grandeza do evento eclesial por excelência do século XX – o Concílio Vaticano II - sem recuarmos ao menos um pouco na História. A cada período histórico-eclesial, percebem-se alguns elementos em evidência, em detrimento de outros. Por exemplo, se analisarmos a vida eclesial a partir de conceitos como "eleição, consenso e recepção", veremos que trazem como marco cronológico o século VI-VII, nos quais estas eram práticas naturais; mas entre os séculos VIII e XII, embora haja a práxis, nota-se uma lenta mudança se introduzindo; e por fim, entre século XII-XVI, há a consolidação de um sistema hostil àqueles princípios (ALBERIGO, 1972, p. 845-855).

Apenas para ilustrar com outro exemplo o que afirmamos, podemos tomar a questão da presença feminina na vida eclesial.

> Quando foi desenvolvida a tríade clássica das funções *bispo*, *diácono* e *presbítero*, a mulher participava apenas do diaconato – e, também só no Oriente, não no Ocidente [...] o programa de Gl 3,28 com respeito à mulher já não estava mais sendo realizado no século segundo. (LOHFINK, 1986, p. 133-134)

No entanto, não se trata de entrar numa questão que demandaria muito espaço de discussão, pois esse tema das mulheres no Cristianismo é muito mais amplo que a questão somente de gênero. É uma interpelação à autocompreensão da Igreja que encontra respostas nas reconstruções históricas. O que queremos indicar é que não se pode cancelar a presença das mulheres como constante da vida eclesial. É um dado eclesiológico que não se pode negligenciar, pois está em continuidade com a tradição das comunidades primitivas, nas quais as mulheres exerciam funções de direção até fins do século II. Mais que isso,

> por séculos as abadessas exercitaram uma "jurisdição quase episcopal" no governo de "quase-dioceses", salvo a administração dos sacramentos para a qual era necessária a ordenação. Estes "prelados" leigos tinham a "potestade de jurisdição" com pleno direito e o apoio da Santa Sé, e isso até final do século XIX. (ÖRSY, 2009, p. 437)[6]

Portanto, quem tem uma boa noção da linha histórica da Igreja não precisa de tantas informações para saber que, até chegar ao Vat. II, a atmosfera que se respirava era a medieval. Mesmo que a sociedade civil já estivesse em outra fase, na Igreja o referencial teológico e socioparadigmático era o medieval. *En passant*, pode-se afirmar categoricamente que o Concílio de Trento (1545-1563) marcou profundamente a fisionomia teológico-pastoral da Igreja por séculos.

Contudo, neste ínterim houve um outro concílio que não podemos omitir na tratativa que queremos fazer do Vat. II. Por isso, vamos delinear brevemente alguns elementos do Concílio Vaticano I. Mas para isso teremos de expor alguns elementos político-sociais que se relacionam direta ou indiretamente com o Vaticano I. Afinal, seria estranho entender o segundo ignorando aquele que o antecedeu. E nem seria intelectualmente honesto omitir a sua ocorrência dentro da História.

6 Para detalhes e documentação, *cf.* ÖRSY. Lay persons in church governance: a disputed question. *America*, v. 174, 1996, p. 10-13.

A Revolução Francesa, em 1789, foi traumática para a Igreja, pois significou o triunfo da razão, da liberdade e do Estado sobre a instituição religiosa. Daí então a reação temerária e cautelosa que a Igreja alimentou. Somente Paulo VI, séculos mais tarde, reconhecerá que os ideais proclamados naquela revolução eram cristãos. No entanto, o século XVIII tornou a situação ainda mais complexa. A convicção dos direitos do ser humano enquanto ser racional e a consolidação dos Estados cada vez mais conscientes de seu poder geraram uma série de reações polêmicas frente a uma Igreja centralista e piramidal, ou seja, internamente garantida em seu poder e organização. Por outro lado, havia também reivindicação de bispos e párocos por seus antigos direitos e atribuições. De modo que esses problemas de fundo refletiam uma outra problemática: articulação adequada da relação entre a Igreja e as igrejas, a conjugação dos carismas e ministérios, a necessidade de situar-se novamente em meio a uma história em transformação, numa sociedade que não se reconhecia mais nas formas do passado.

No século XIX, nasce *o capitalismo liberal industrializado*, com grande exploração dos setores operários e a tomada de consciência de sua exploração. São os anos em que Marx reflete sobre a injustiça e desumanidade do capitalismo e os anos do *Manifesto Comunista* (1847-1848) e de *O capital* (1867-1894). A Igreja, somente em 1891 com Leão XIII, na *Rerum novarum*, alerta sobre a gravidade do problema social.

Portanto, sob um ponto de vista *intraeclesial*, podemos identificar algumas correntes eclesiológicas existentes no limiar do Vat. I. Afinal, a passagem do século XVIII para o XIX vem marcada por crescente processo de secularização, iniciado pelo Iluminismo, consumado pela Revolução Francesa e pela independência das antigas colônias dos países europeus. É dentro deste clima sociocultural e político que temos dois tipos de reações:

1) A contrarrevolução católica, ultramontana (vem de Roma, além da montanha) e restauracionista: quer restaurar a monarquia na França para que o Catolicismo volte a ter o vigor de antes da Revolução Francesa, com o *Ancien Régime*. Há críticas de todos os movimentos revolucionários e defesa dos valores da ordem, tradição, hierarquia, autoridade, unidade etc. Portanto, esta restauração católica, que se prolongou ao longo do século XIX, é intransigente e se manteve acompanhada de uma eclesiologia concebida sob o sinal da autoridade e fundamentada, por isso, em uma perspectiva unitária, piramidal e centralizada. Era uma eclesiologia sem história e sem escatologia, fechada em esquemas inflexíveis.

Em uma formulação breve,

> a eclesiologia ultramontana do século XIX entende a Igreja como "sociedade perfeita" (*societas perfeta*). Mas ao procurar fundamentar essa independência pela atualização de ideias, formas de vida e de organização pré-modernas, ela leva a uma constituição eclesiástica papalista e centralista em grau jamais visto bem como a um isolamento sistemático contra as conquistas da modernidade. (WIEDENHOFER, 2001, p. 83)

Desse modo, o pensamento majoritário é da Igreja como sociedade perfeita. Aqui não se está colocando a perfeição moral, mas de que a Igreja dispõe de todos os meios e "poderes" para conseguir seus fins. Pode colocar-se em pé de igualdade frente ao Estado e estabelecer os acordos que julga pertinentes. Em sua articulação interna se concebe "desigual", com uma estrutura hierárquica na qual as distintas competências estão claramente delimitadas. Em ambientes mais radicais se elabora uma eclesiologia "ultramontana": em meio à desagregação social e mesmo eclesial, ressalta-se a autoridade do Papa, único ponto de referência seguro e estável – ele será o único capaz de falar ao mundo com autoridade; internamente, investe-se na unificação da disciplina e da liturgia conforme os usos romanos (nostalgia em converter a Igreja em uma única e imensa diocese).

2) A renovação eclesiológica, mais sacramental e pneumatológica: incuba fermentos de renovação, que antecipam a mudança que ocorrerá posteriormente, mediante expoentes considerados os "pais da eclesiologia moderna" como Möhler (+1838) e Newman (+1890). Este último, por exemplo, defende uma visão histórica da Igreja e do dogma; um personalismo místico que leva a Igreja a não ser primariamente instituição, mas relação com Deus das pessoas que formam um corpo, valorizando o laicato e o ecumenismo.

Os elementos de mudança provêm sobretudo da Universidade de Tübingen, que não reage ao Iluminismo e à Revolução com medo e com volta à autoridade, mas com a renovação do sentido eclesial, sob a influência, sem dúvida, do Romantismo alemão, que revaloriza a tradição medieval popular, a comunidade e o coração, que se levantou contra a frieza e o moralismo dos ilustrados. Eles redescobriram a Igreja como organismo e vida – para isso, reclamavam que a Igreja devia ser a alma da teologia. Estas intuições alcançaram propriedade na obra de Möhler (DE LA FUENTE, 2001, p. 13).

Também a escola romana, que tem sua sede no Colégio Romano dos Jesuítas, aproveita as intuições de Möhler e dos Padres

Gregos para elaborar uma visão trinitária e cristológica da Igreja. É muito cuidadosa em estabelecer o papel do Papa na estrutura eclesial, que é uma espécie de encarnação prolongada. É mais sistemática e especulativa que a escola anterior.

E há indubitavelmente uma rica contribuição também das eclesiologias russas do século XIX, com seus elementos comuns: uma visão comunitária da vida cristã, do amor e da fé (a *sobornost* ou conciliaridade); a acentuação à dimensão pneumatológica; a eclesiologia eucarística centrada na Igreja local; a importância do Povo de Deus na conservação e transmissão da fé; a dimensão trinitária.

Em suma, ao se conjugarem alguns desses elementos históricos, chama-se a atenção para o que se manteve como uma constante ao longo do tempo, ou seja, a dialeticidade da História dentro da qual se insere a Igreja como organismo vivo e atuante, que influencia e é influenciada pelos acontecimentos. Pois, a Igreja dos primeiros séculos, e em geral do primeiro milênio, é definida pelo termo "mistério" e por aquele de "comunhão". Porém, isso, que é muito presente na Igreja dos mártires, irá se perder com a passagem para *religio licita*, ou seja, com a mudança do Cristianismo como religião de Estado. A partir do edito de Teodósio (380), a Igreja assumirá progressivamente a imagem da *imperatrix et domina*, projetando sobre si as formas típicas do poder imperial. Vencedora do conflito com o Império, a assim chamada Igreja "gregoriana" de fato se recolocará como *imperatrix et domina*. Nem a crise conciliarista provocará mudanças. A definitiva ruptura da unidade da Igreja que se consuma no século XVI levará, com base no modelo de Estados, à definição da Igreja como *societas iuridica hierarchica perfecta inaequalis*. Esta hipoteca acompanhará a autocompreensão da Igreja também no século

XIX, no qual começam a surgir novidades, conforme vimos anteriormente (MILITELLO, 2003, p. 32-33).

4.1 *Concílio Vaticano I (1869-1870)*

É sumamente importante ter a moldura histórica dos principais acontecimentos que confluem neste Concílio. Quando, em 19 de julho de 1870, estourou a guerra franco-prussiana, as tropas francesas estavam em Roma para apoiar o Papa diante do risco de se perderem os estados pontifícios, como consequência do processo de unificação italiana, mas tiveram de bater em retirada a mando de Napoleão III. E, no dia 20 de setembro, as tropas de Vitório Emanuel entraram pela Porta Pia de Roma: era o fim do poder temporal do papado. Fato que foi visto então como agressão e espoliação, sobretudo pelo Papa Pio IX, que não aceitava tal perda e se julgava prisioneiro do governo italiano no Vaticano. Portanto, a menção ao intenso conflito que marcou o final do século XIX é devido à interrupção do Concílio Vaticano I.

Ora, quando se trata desse Concílio a primeira ideia que emerge é a respeito da figura do Papa. Porém, a proclamação dos dogmas relativos ao Papa no Vaticano I constitui o coroamento de um longo processo que remonta ao período da Revolução Francesa. Embora esta tenha possibilitado a destruição do *Ancien Régime*, houve na prática um efeito contrário também de concentração de força e projeção da figura papal. No entanto, não se pode falsear historicamente, propondo-se que houve, ao longo da História, um consenso em caráter absoluto sobre as prerrogativas do Papa. Tanto é que até às vésperas do Vaticano I se discutia se os bispos tinham ou não direito de participação no governo da Igreja universal (SCHATZ, 1996, p. 202-210).

Conforme insistimos anteriormente, existe um contexto histórico a esse Concílio que permite compreender melhor as opções tomadas por ele. Em outros termos, o que se deseja indicar é que:

> O vigoroso surto institucionalista veio nos fins da Idade Média e na Contrarreforma, quando os teólogos e canonistas, respondendo aos ataques ao papado e à hierarquia, acentuaram precisamente as características que os adversários negavam [...]. A perspectiva institucional alcançou o seu ápice na segunda metade do século XIX e se exprimiu com singular clareza no primeiro esquema da Constituição Dogmática sobre a Igreja preparada para o Concílio Vaticano I. (DULLES, 1978, p. 35-36)

Desse modo, no Vat. I se ressaltou a primazia de jurisdição episcopal, imediata e ordinária do Papa sobre toda a Igreja. Em contraposição, os padres conciliares (minoria) conseguiram a inserção de um parágrafo sobre a autoridade própria dos bispos (*cf.* CONCÍLIO VATICANO I, cap. 3) e também que no prólogo se relembrasse que o episcopado tanto quanto o papado era de instituição divina.

Não vamos entrar nas controvérsias que surgem em torno à definição do primado e à da infalibilidade do magistério pontifical. Contudo, elas produzem na prática o que não visavam afirmar enquanto teoria, isto é, uma centralização do poder (FRIES, 1975, p. 49). Nesse sentido, torna-se difícil não admitir que após o Vat. I, o modo de posicionar-se do Papa em relação aos bispos não seja absolutista, ou seja, ele dispõe de um poder ilimitado (SCHATZ, 1996, p. 220). Contudo, há quem veja que o Vat. I não afirmou nem excluiu a monarquia pontifícia. Aliás, se absteve de fazer uma análise global do regime de governo da Igreja (ACERBI, 2000, p. 163).

Porém, o interessante de tudo é notar que o enrijecimento do papado foi menos de natureza dogmática e mais de natureza ideológico-cultural. Do Vat. I propriamente não se deduz que o episcopado deva ser subordinado e que não tem nenhuma importância na Igreja. Tanto o Vat. I como o Vat. II ensinam que a função mais importante do primado é defender e promover a função dos bispos (*Pastor aeternus*, III e LG 27b). Tanto que a própria reação dos bispos alemães ao texto do chanceler Bismark revela bem o grau de consciência que se tinha. Mas o dado complicador estava na corrente eclesiológica ultramontanista e na personalidade de Pio IX em osmose com o ultramontanismo. São esses elementos que compuseram a interpretação maximalista do ministério petrino (TILLARD, 1985 p. 27-47).

Dessa maneira, com esse Concílio, o caráter societário e hierárquico da Igreja seguirá dominando. Segue latente o perigo de dissociar ou de não conjugar adequadamente a comunidade de fé e de amor com a sociedade dotada de órgãos hierárquicos. Leão XIII, na *Satis cognitum*, diz dos dois riscos a serem evitados: o monofisismo eclesiológico que sobrecarrega o aspecto visível enquanto expressão única e plena do invisível, e o nestorianismo eclesiológico que separa ambos sem uma integração adequada. Ficará como tarefa pendente a leitura da Igreja a partir da óptica calcedonense, a partir da lógica do mistério da encarnação, como *complexio oppositorum*, segundo a expressão de Henri de Lubac.

Portanto, as novas perspectivas delineadas por Möhler, pela escola romana e por Newman, sobretudo, não foram assumidas pelo Vat. I. É significativo que este Concílio, por exemplo, tenha rechaçado a Igreja como Corpo de Cristo. Os padres viam em tal expressão uma metáfora, não uma definição; consideravam-na vaga e imprecisa para a maioria dos fiéis porque não estabelecia uma clara diferença entre o corpo e a alma da Igreja, ao centrar-se no aspecto interior e espiritual.

É bastante significativo o fato de que foram convidados para participar do Vat. I alguns representantes de outras denominações cristãs. Porém, com a exigência que se reconhecessem erradas e dispostas a retornarem para a Igreja Católica (RUIZ DE GOPEGUI, 2005, p. 12 [nota 3]). E pela primeira vez os bispos brasileiros participaram de um Concílio da Igreja (RUBERT, 1969, p. 103-120).

Enfim, como sucinto balanço desse Concílio pode-se assentir que: "Embora assuma alguns elementos da renovação eclesial (sobretudo romano), e supere o ultramontanismo mais extremo, em seu conjunto celebrará a afirmação da eclesiologia de autoridade e intransigente" (CODINA, 1993, p. 150). De tal sorte que "a porta de entrada da eclesiologia do Vaticano I continua sendo, em grande parte, expressa em termos de sociedade e não de comunhão [...]" (BEOZZO, 1992, p. 124).

4.2 *O advento do Concílio Vaticano II*

Houve um contexto de efervescência eclesial no século XX a ponto de ter sido afirmado que aquele foi o século da Igreja (*cf.* DIBELIUS, 1926). Por consequência, teria sido também o século da eclesiologia, porque foi quando mais aflorou a consciência eclesial entre os membros da Igreja e entre os que a estudam.

Existem alguns elementos que confluíram para o acontecimento paradigmático do Vat. II (*cf.* LIBANIO, 2005). Na impossibilidade de elencar e dar o devido tratamento a todos eles, propomos indicar ao menos os mais relevantes e significativos:

a) Movimento litúrgico: centrado inicialmente em ambientes monásticos, foi paulatinamente ajudando a descobrir círculos mais amplos em que todos os batizados eram vistos como participantes no mistério celebrado pela Igreja. E seu processo de maturação foi tão grande que teve o único documento aprovado pelo Concílio do modo como era proposto.
b) Dimensão comunitária: em uma sociedade que tendia ao anonimato e que provocava guerras, ressurgia a saudade do espírito comunitário que favorecia as relações pessoais e concretas. A Igreja se apresentava como âmbito privilegiado para isso. Havia, portanto, uma sensibilidade e receptividade para a vida em comunidade.
c) Revalorização dos leigos para situar a fé cristã na sociedade e fazer presente a Igreja em ambientes descristianizados – exigindo assim uma eclesiologia mais flexível e dinâmica.
d) O ressurgir dos estudos bíblicos e sua inserção na eclesiologia trouxe muita contribuição (muitos se apoiavam mais nos Padres da Igreja que no Novo Testamento).
e) O florescimento da patrística trouxe novos e fundamentais temas à eclesiologia: dimensão mistérica, leitura tipológica da Igreja, a ideia de recapitulação, relação entre encarnação e gênero humano etc.
f) Desafios eclesiológicos contidos nas novas situações históricas em que se encontrava a Igreja: o âmbito ecumênico, as experiências missionárias, as urgências evangelizadoras.

Por fim, é importante notar que o clima renovador não se restringia somente à Igreja Católica, mas também as áreas protestante e ortodoxa eram atingidas por esse espírito. É sobejamente sabido que os papas não representam a essência eclesial, mas, dependendo do modo como assumem o ministério petrino, eles condicionam em grande parte aquilo que a Igreja realiza. Ademais, providencial ou coincidentemente, alguns deles chegam a simbolizar verdadeiras transições eclesiais. Por isso, não é incomum recorrer a um determinado pontífice da História quando queremos saber ou compreender um período.

Nesse sentido, é impossível discorrer sobre o Concílio Vaticano II sem evocar a figura carismática e profética de Angelo Giuseppe Roncalli, o Papa João XXIII. Ele foi eleito bispo de Roma, em outubro de 1958, aos 76 anos de idade. Havia trabalhado no serviço diplomático da Santa Sé por 27 anos (Hungria, Romênia, Turquia, Oriente Médio e Paris) e havia sido patriarca de Veneza por seis anos. Era um exímio estudioso e conhecedor da história da Igreja. Como Papa, teve gestos inovadores, tais como: proximidade das pessoas, visitas a hospitais E cárceres etc. Entrou definitivamente para a História quando, em 25 de janeiro de 1959, anunciou em Roma que haveria um concílio ecumênico na Igreja.

5. A guinada eclesial-copernicana do Concílio Vaticano II (1962-1965)

Podemos abdicar de análises muito pormenorizadas da história da Igreja para reconhecer que o século XX foi de fato o século da Igreja. Pois, para além das aporias que possam existir, é indiscutível que a Igreja expressou seu dinamismo e sua vitalidade nesse período, particularmente. Inspirada pela prudência e embasada numa sabedoria milenar, buscou reagir ao momento oportuno, e sobretudo oferecer suas contribuições a um mundo que havia sofrido mudanças significativas. Dessa maneira, jamais se poderá negligenciar a mudança de rumo que representou o

Concílio Vaticano II para a Igreja. Trata-se de um marco referencial de transição epocal (*cf.* RAHNER, 1973; ALBERIGO, 2002, p. 172-193).

O contexto para uma virada copernicana consistirá em livrar-se da concepção societária, que colocava a Igreja em paralelo às sociedades civis, a fim de inseri-la no evento amplo da salvação – será o mistério da Igreja o que abre o horizonte e o sentido da missão. Além disso, é preciso deixar de enfocar apenas a hierarquia para se perceber a Igreja como comunhão de todos os batizados, enriquecida com os dons, carismas e ministérios de cada um.

O Vat. II pôs fim a uma era – a de Cristandade. A fisionomia vigente era de uma Igreja marcada pela visibilidade de suas características essenciais, por uma teologia dogmatista e ortodoxa, por uma prática litúrgica bastante ritualista, por uma disciplina eclesiástica estrita e por uma teologia dualista. As definições do primado e da infalibilidade do magistério pontifício do Vat. I haviam concentrado a compreensão de Igreja na pessoa do Papa.

5.1 *Informações gerais e curiosidades*

Após o anúncio do Concílio por João XXIII, em 25 de janeiro de 1959, o jornal *L'Osservatore romano* permaneceu uma semana sem noticiar nada a respeito. Depois disso, reproduziu um artigo escrito pelo cardeal Montini no *Avvenire*, enquanto jornais da imprensa estrangeira como *Le monde* e outros noticiavam o fato. Isso reflete a resistência da cúria romana e de alguns cardeais na realização do Concílio: dos 70 cardeais consultados, apenas 28 responderam ao Papa. Muitos se restringiam a agradecer ao Papa pela carta-consulta enviada. Os dicastérios romanos tinham pensado em um extenso questionário de consulta, mas o Papa decidiu por uma simples pergunta: sobre o que o Concílio deve tratar?

A respeito da frequência dos concílios na vida da Igreja, nota-se que os 21 concílios gerais ou ecumênicos foram celebrados em um "intervalo médio" de quase 80 anos. O intervalo mais longo foi entre o Concílio de Trento (1545-1563) e o Concílio Vaticano I (1869-1870): 306 anos. O mais breve intervalo foi entre o Concílio de Constança (1414-1418) e o Concílio de Basileia, Ferrara-Florença, Roma (1433-1445): 15 anos.

Embora, ao final do Concílio de Trento, a América Latina já contasse com 27 dioceses, em nenhuma de suas sessões esteve presente qualquer bispo da América Latina. No Vat. I, eram aproximadamente 750 padres conciliares. Sete bispos brasileiros (dos onze que havia no Brasil) pela primeira vez estiveram presentes em um concílio. Um bispo fez parte de uma comissão e outros dois fizeram intervenções.

O Vat. I, num primeiro momento, fez 30 consultas, mas depois, por causa das críticas recebidas, fez mais 30, totalizando 60 consultas. O Vat. II, a pedido de João XXIII, consultou todas as circunscrições eclesiásticas (dioceses, prelaturas etc.), superiores maiores (religiosos), cúria romana e faculdades de teologia.

Sobre a ocorrência do Vat. II, registra-se que durante três anos, 1 mês e 29 dias a Igreja viveu em estado de concílio. Os padres conciliares viveram 281 dias em Roma, nos 4 períodos. Trabalharam em 168 Congregações Gerais e assistiram a 10 sessões solenes. Foram pronunciados, nesses dias, 2.217 discursos. Foram entregues 4.361 intervenções escritas não pronunciadas. Ouviram 147 relatórios e fizeram 544 votações. E, nesse período, morreram 253 bispos (seis do Brasil).

A inauguração solene do Vat. II se deu no dia 11 de outubro 1962. O Papa João XXIII imaginava encerrar o Concílio no mês de dezembro de 1962.

O grupo nacional mais numeroso de padres conciliares era o italiano (379). Apesar do número majoritário de bispos italianos, estes não conseguiam eleger para as comissões nenhum bispo sem o apoio dos demais episcopados. Não havia articulação entre os membros do episcopado italiano! Do Brasil, estavam 217 padres conciliares. A única língua oficial era o latim.

O modo livre de deixar que todos se expressassem no início do Concílio causou certa desorganização na aula conciliar: repetições, retomadas de assuntos já superados etc., e isso arrolava tempo. Vale lembrar que não havia nenhum remanescente do último concílio. Era um aprendizado para todos, a cada dia.

Os teólogos peritos competentes do Concílio Karl Rahner e Yves Congar queriam que a *Gaudium et spes* fosse uma espécie de anexo dos documentos. Mas os bispos com sensibilidade pastoral relutaram em admitir isso.

Os concílios tinham seguido sempre a linha da definição canônica e de anátema, mas o Vat. II é impostado de outra forma, conforme era o desejo de João XXIII na sua homilia de abertura – de caráter pastoral!

Períodos conciliares do Vaticano II		
Primeiro	de 11/10/1962 a 8/12/1962	2.488 padres
Segundo	de 29/9/1963 a 4/12/1963	2.488 padres
Terceiro	de 14/9/1964 a 21/11/1964	2.468 padres
Quarto	de 14/9/1965 a 8/12/1965	2.625 padres

Média de presença dos padres conciliares	
África	343
Ásia	354
América do Norte	415
América Central	83
América do Sul	536
Europa	978
Oceania	74
Total	**2.783**

Fonte: DUÉ; LABOA, 1999, p. 296

As intervenções em aula conciliar deram-se do seguinte modo:

- 2.234 intervenções nos quatro períodos:
    - 7,79% (163): África
    - 0,08% (19): América Central e Caribe
    - 9,53% (213): América do Norte
    - 8,90% (199): América do Sul*
    - 13,16% (294): Ásia
    - 59,54% (1.330): Europa (!)
    - 0,07% (8): Oceania

A participação do episcopado brasileiro no Concílio Vaticano II:

- 1959: 167 bispos; responderam: 134
- 1962: 204 bispos; presença: 173
- 1963: 220 bispos; presença: 183
- 1964: 221 bispos; presença: 167**
- 1965: 227 bispos; presença: 192 (194)

* Brasil: 2,86% (64).

** 31/3/64: golpe militar no Brasil.

5.2 *Vaticano II: o primeiro concílio eminentemente eclesiológico e pastoral*

O primeiro esquema que fora apresentado aos padres conciliares se abria com o título "De ecclesiae militantis natura", mostrando a natureza societária da Igreja instituída por Cristo mediante o estabelecimento da hierarquia, e supunha a identificação real entre o Corpo Místico de Cristo na terra e a Igreja Católica Romana. Diante disso, os esquemas preparatórios foram todos rejeitados pelos padres devido ao juridicismo, clericalismo e triunfalismo que continham. Aliás, esta é a melhor e mais breve caracterização do clima pré-Vat. II que então existia.[7]

Mais à frente teremos oportunidade de voltar a todo esse processo de produção dos textos conciliares. De momento importa entender que, no Vaticano II pela primeira vez na história, a Igreja deu uma definição de si mesma na constituição dogmática *Lumen gentium* (LG) e em outras constituições, decretos ou declarações. Em todos os textos conciliares, percebe-se uma mudança decisiva na perspectiva sobre a Igreja: a prioridade vem dada ao seu caráter de mistério e, portanto, de objeto de fé, e não vem mais apresentada diretamente como motivo de credibilidade, como aparecia no Vat. I. Passava-se de uma concepção que via a Igreja principalmente como societas para uma concepção mais bíblica, com uma raiz litúrgica, atenta a uma visão missionária, ecumênica e histórica, na qual a Igreja vem descrita como *sacramentum salutis*. Aos poucos, foi evidenciado que a visão eclesiológica do Vat. II comporta um conceito renovado de comunhão.

---

7 De autoria do bispo Emile de Smedt, de Bruges, na primeira sessão do Vaticano II sobre o esquema preliminar, *cf. Acta Concilii Vaticani II*, I, part. IV, Cidade do Vaticano, 1971, p. 142-144.

O Concílio Vaticano II é um acontecimento que está inserido num amplo contexto de transformações sociais, diante do qual a Igreja deveria se posicionar a fim de se orientar diante dos novos tempos da História. Todavia, a realização deste concílio foi sobretudo importante por dar à Igreja a oportunidade de pensar-se a si própria e para redefinir a sua missão. É por isso que a LG ocupa lugar central nas preocupações e debates conciliares. Ela é *a primeira constituição dogmática sobre a Igreja de toda a história dos concílios.*

Por tudo isso o Vat. II foi eminentemente um concílio eclesiológico; no dizer de Karl Rahner foi "um concílio da Igreja sobre a Igreja" (TIHON, 1995, p. 525). A centralidade da LG torna-se ainda mais notável quando divide sua posição de proeminência com a *Dei verbum*. Aliás, todos os documentos conciliares estão de certo modo afinados com a LG que é indiscutivelmente a grande elaboração do magistério no Vaticano II (DEJAIFVE, 1965, p. 3-22). Porém, não se pode restringir a eclesiologia que nasce do Concílio apenas à LG, pois aquela deriva de uma percepção nova de ser Igreja presente no conjunto de outros documentos igualmente importantes como *Dei verbum, Gaudium et spes* e *Ad gentes*.

Por outro lado, ainda que não fosse intenção do Concílio propor novos dogmas, e sim realizar uma renovação pastoral, alguns debates estimularam estudos e ajudaram a orientar alguns temas, tais como a Colegialidade dos bispos, a relação entre escritura e tradição, a mariologia, a liberdade religiosa etc. E para se compreender o real alcance do Concílio sobre a teologia, é preciso sempre ter em conta a *Gaudium et spes*, na qual aparecem as novas tendências antropológicas da teologia contemporânea.

Em suma, o Vat. II é chamado de "pastoral" porque assim foi desejado pelo Papa João XXIII. Ademais, não houve novas definições dogmáticas no sentido técnico dessa expressão. No entanto, ele é rico em precisões dogmáticas, algumas das quais aparecem pela primeira vez na doutrina oficial da Igreja. O propósito dos padres conciliares em manter o adjetivo "dogmático" no título das constituições *Lumen gentium* e *Dei verbum* é significativo: trata-se de documentos cujo alcance é mais que disciplinar. Por tudo isso, é inegável que o conteúdo dos textos possui uma grande densidade doutrinal (TIHON, 1995, p. 525).

Todavia, a tônica de tudo recai sobre aquilo que o Papa Paulo VI recordava, ou seja, a clareza de objetivos que norteara o labor conciliar:

> Chegou a hora, nos parece, em que a verdade acerca da Igreja de Cristo há de ser explorada, ordenada e expressa, não talvez com aqueles enunciados solenes que se chamam definições dogmáticas, mas por meio de declarações do magistério ordinário, mais explícito e autorizado, que digam à Igreja o que ela própria pensa de si mesma. (PAOLO VI, 1963, p. 111)

6. Alguns dos elementos eclesiológicos preciosos do Vaticano II

Foram muitos os elementos eclesiológicos resgatados, reformulados e desenvolvidos pelo Vat. II. Entre os diversos temas, optamos em focalizar apenas alguns deles. Eles estão presentes especialmente na LG, mas encontram eco em outros textos também. À medida que fizermos uma breve exposição sobre eles será possível ter uma ideia do alcance e da profundidade das principais questões eclesiológicas de fundo. Em contrapartida, se evidenciará também algumas lacunas e fragilidades através das posições que foram assumidas.

De qualquer modo, acreditamos que há um campo vasto e denso a ser explorado – baseado, por exemplo, em um tema que é nodal dentro do Vat. II e decisivo em termos de renovações no tecido eclesial (razão pela qual nos ocuparemos exclusivamente dele no próximo capítulo): a Igreja entendida como Povo de Deus.

Vale recordar ainda que, embora apresentemos os temas em separado, eles estão na verdade relacionados uns aos outros, pois são pilastras da mesma arquitetura teológico-conciliar que sustenta a vida eclesial e ministerial, segundo a perspectiva eclesial assumida e projetada pelo Vat. II.

6.1 *O princípio da Colegialidade*

Este se constitui realmente num elemento eclesiológico decisivo na perspectiva do Vat. II. Tanto que se conta que quando João XXIII foi eleito Papa, ao sair da capela Sistina, teria dito àqueles que o rodeavam: "Eu gostaria que meu pontificado restaurasse a colegialidade na Igreja" (CONGAR, 2002, p. 321). Contudo, houve muita celeuma em torno deste assunto na aula conciliar, sendo o que despertou o maior número de intervenções dos padres conciliares (LEGRAND, 2000, p. 102). Em parte, isso encontra explicação na própria História, pois o Concílio Vaticano II tinha como um de seus objetivos completar a doutrina do primado com uma correspondente doutrina sobre o episcopado. Nesse sentido, o capítulo 3 da LG cumpre justamente tal propósito, ao tomar como ideia principal a noção da estrutura colegial do ofício episcopal (RATZINGER, 1984, p. 187).

A referência conciliar primeira e básica para se analisar a Colegialidade é LG III, 22-23 e a "Nota explicativa praevia". Às vezes se prefere o termo sinodalidade ao de conciliaridade ou colegialidade por ser mais dinâmico e originário.[8] Há quem julgue que com isso sc evita acima de tudo cair no abstrato (ANGELINI, 2007, p. 3-4 [nota 1]). No entanto, estudar historicamente a doutrina do Concílio Vaticano II sobre a sinodalidade é empresa difícil. Pois, a compreensão que o Concílio tem a esse respeito só pode ser colhida indiretamente, pois foi tratada mais em modo contingente que sistemático e aparece em documentos como *Lumen gentium* e *Christus Dominus* (LEGRAND, 2007, p. 67-70;77). Embora essa categoria esteja na doutrina do episcopado, ela a extrapola, isto é, como princípio comunitário está no plano da Igreja inteira (CONGAR, 1953, p. 390).

Assim sendo, o relevante a ser percebido é que

> no amplo contexto da revisão que faz o Vaticano II da forma de governo hierárquico exercido na Igreja católica romana, é proposto com inequívoca transparência o conceito de Colegialidade episcopal, ainda que a palavra "colegialidade" como tal não apareça nos textos conciliares. O governo eclesiástico, do qual são investidos os Bispos em comunhão com o Romano Pontífice, segundo a Tradição eclesial, não pode se dar senão ao modo colegial [...]. (BARROS, 2005, p. 202)

Portanto, esse princípio eclesial "renasce" com o Concílio, ou seja, o Concílio representa uma tomada de consciência da importância desse princípio para toda a vida eclesial. No entanto, se o Vat. II criou ou confirmou os organismos daí correspondentes, faltou prescrever melhor suas funções (LEGRAND, 1976, p. 194), de forma que muitas questões relativas à organização interna da Igreja ficaram sem serem tratadas. Entre estas,

8 Sinodalidade refere-se a sínodo que é um termo composto de duas palavras gregas: "sùn", que significa "com", "juntos" e "odós", que quer dizer "viagem", "caminho". Portanto, sínodo tem o significado de "caminho comum". E São João Crisóstomo afirmava que "sínodo é o nome da Igreja". PG 55,493.

encontra-se o princípio da Colegialidade como uma das mais fundamentais. Embora o Concílio tenha valorizado muito a estrutura colegial, não estabeleceu nada muito preciso (DULLES, 1986, p. 670).

De qualquer forma, o que está resgatado e corroborado neste Concílio é o modo como deve ser a estrutura de governo na vida da Igreja. Decisivamente, o Vat. II confirma, assume e propõe a práxis sinodal da Igreja. Afinal de contas, a centralização que se seguiu ao Vat. I era vista pelos bispos como um grande obstáculo pastoral e missionário. Somente a partir de uma vivência eclesial embasada sobre a Colegialidade se alcançaria a tão necessária e desejada descentralização efetiva.

Enfim, a importância do exercício colegial do ministério dos bispos na Igreja não tem a ver simplesmente com uma mera "solução" organizacional, pois a prática verdadeira da Colegialidade no interior da vida eclesial traz benefícios para toda a Igreja, desde os bispos até os leigos. Torna-se o modo de ser de uma Igreja marcada pela participação e comunhão. E alcança-se um nível profundo de corresponsabilidade no serviço e nas decisões muito diferente daquele modelo eclesial caracterizado pelo poder e pela centralização.

6.2 *A relação entre Igreja local e universal*

Primeiramente se constata que existe uma variação quanto à designação que caberia nessa relação, ou seja, seria mais apropriado utilizar o termo "Igreja particular ou Igreja local"? Ora, entre os eclesiólogos prevalece o uso de "local", "por ser o mais antigo, tradicional e, por sua vez, mais abrangente e compreensivo" (PIÉ-NINOT, 2009, p. 337).

Para saber como o Vat. II tratou dessa relação pode-se ler LG III, 22-23; 26 e a “Nota explicativa praevia”. De antemão, recordamos que não entraremos na controvérsia em torno do ponto de partida do Vat. II, isto é, se foi a Igreja universal ou se foram as igrejas locais (ANTÓN, 1989, p. 287), pois entendemos que ambas são contempladas em sua perspectiva eclesiológica. Aliás, o Concílio parece resultar em uma dupla eclesiologia. Pois, “ao lado da valorização da Igreja local, do ministério dos bispos, da Colegialidade, acentua-se fortemente a função primacial do Romano Pontífice [...]” (LIBANIO, 2005, p. 125).

O que importa assinalar é que, na relação entre Igreja local e Igreja universal, está o equilíbrio entre o colégio dos bispos e sua cabeça ou da unidade com a diversidade. Na verdade, a unidade de tensão (papal e episcopal) é o fundamento da unidade de comunhão. Porém, o ideal seria que a estrutura eclesial não fosse nem círculo, nem pirâmide, mas elipse! (HEINZ, 1996, p. 166-167). É importante reconhecer que, se existe por um lado a legítima reivindicação pela unidade, por outro, há o risco de facilmente se praticar a uniformidade e a centralização em nome daquela (ANTÓN, 1989, p. 287).

De qualquer modo, mesmo que não se tenha elaborado uma teologia integradora da Igreja universal e local, o Concílio favoreceu seu ulterior desenvolvimento. Porque o Concílio colocou os fundamentos teológicos do modelo da Igreja como *communio ecclesiarum*, ou seja, como comunhão de igrejas. De tal modo que as igrejas particulares não são filiais da matriz (a Igreja universal), mas são sim a mesma realidade suprema da única Igreja de Cristo presente realmente em determinado lugar (ANTÓN, 1989, p. 288). Deve-se ter, sobretudo, a fraternidade como base dessa comunhão e Colegialidade. Portanto, essa “possibilidade de compreender a Igreja a partir da Igreja local se revela uma das grandes conquistas da eclesiologia do Vaticano II" (ROUTHIER, 1991, p. 277). De sorte que, em linhas gerais, o Vat. II faz uma valorização do episcopado dentro da Igreja local e dentro da comunhão das igrejas.

Por fim, o mérito que está na base disso tudo é a defesa das riquezas de cada cultura e localidade eclesial em oposição a uma massificação acrítica que, em nome da universalização/catolicidade, não respeita os valores particulares. Ademais, essa valorização contribui para um processo mais participativo que reconhece o direito de cada instância, mesmo daquela da base.

6.3 *O ministério petrino: o papado na Igreja*

Na sequência, vamos expor algo em torno do ministério petrino que adquire também uma nova fisionomia a partir das impostações conciliares. Obviamente, o horizonte disso tudo é a teologia renovada dos ministérios que o Concílio fomentou e delineou. Portanto, tratar das funções a serem exercidas no seio da vida da Igreja é um exercício de resgatar a finalidade de cada uma delas e a vitalidade que possuem dentro de uma estrutura que é de todos e está a serviço de todos. Assim, deve prevalecer sempre a índole comunitária dentro do organismo eclesial, caso contrário, tudo se descaracteriza.

O termo "papado" não consta nos textos conciliares; enquanto "Papa" aparece seis vezes (três vezes em LG 22c; 23a e 23c; duas vezes em "nota prévia"; uma vez em CD 4b). Há também o termo "romano pontífice" (20 vezes em LG; 9 vezes em CD); "sucessor de Pedro" (11 vezes em LG; uma vez em CD); "sumo pontífice" (9 vezes em LG e 6 vezes em CD) e "cabeça do colégio" (três vezes em LG) e "supremo pastor" (uma vez em LG). Como "bispo de Roma", aparece uma única vez, num inciso histórico, LG 22a. Essa designação é muito importante porque com ela o Papa não se apresenta mais como bispo de toda a Igreja Católica ou como o bispo dos bispos, mas bispo de uma Igreja local e a partir da qual "preside no amor".

A constituição *Pastor aeternus* deveria ser originalmente a primeira parte de uma ampla constituição sobre a Igreja. Porém, em 20 de setembro de 1870, houve a ocupação de Roma, que causou a inesperada interrupção do Concílio Vaticano I. No entanto, não se pode, com base neste ocorrido, assentir que a definição de jurisdição universal e a infalibilidade de ensinamento *ex catedra* do Papa estejam contra a vontade do Concílio, ou que seja um resultado incompleto dele. O capítulo sobre o Papa, separado do esquema sobre a Igreja, foi proposital a fim de assegurar o que se julgava mais relevante e importante naquele contexto. Se os dois primeiros capítulos da *Pastor aeternus* tratam de um conteúdo de óbvio consenso, o terceiro e quarto capítulos veiculam matéria de grande controvérsia, ou seja, sobre o primado jurisdicional e magistral.

No entanto, do Vat. I propriamente não se deduz que o episcopado deva ser subordinado à Igreja nem que não tem nenhuma importância nela. Tanto o Vat. I como o II ensinam que a função mais importante do primado é defender e promover a função dos bispos (*cf. Pastor aeternus*, III e LG 27b). A própria reação dos bispos alemães ao texto do chanceler Bismark revela bem o grau de consciência que se tinha. Mas o dado complicador está na corrente eclesiológica ultramontanista e na personalidade de Pio IX, em osmose com o ultramontanismo. São esses elementos que irão compor a interpretação maximalista do ministério petrino. Por conseguinte, tal exacerbação da figura papal vai gerar na Igreja tanto uma tendência à "papolatria", como a um "complexo antirromano" em determinadas ocasiões (TILLARD, 1985, p. 27).

Tendo em conta essa básica moldura histórica, passamos às considerações do Vat. II que, evidentemente não visava nem podia contradizer as definições e proposições magistrais do concílio anterior. Assim, ao enfrentar a temática da constituição hierárquica da Igreja teria necessariamente de abordar o ministério do Papa dentro do corpo eclesial. Com isso, tornava-se perceptível que havia uma lacuna na reflexão eclesiológica que deixava de contemplar equilibradamente a relação entre o ministério do Papa e o dos bispos, ou entre primado e episcopado.

Ora, nos debates conciliares transparece nitidamente o contraste de posições e tendências que havia entre os padres conciliares, ou seja, entre uma maioria que entra no Concílio conservadora *versus* uma minoria crítica e inovadora que gradativamente consegue persuadir os demais. Essas diferenças incidiam diretamente na compreensão sobre o papado e sobre qual seria seu papel na Igreja. Portanto, aquilo que resulta LG 22 traduz em parte a aspiração que tinha a maioria dos padres conciliares, mas a minoria resistente também deixou suas marcas indeléveis neste texto.

Conforme indicamos anteriormente, o tema da colegialidade foi um dos mais debatidos em aula conciliar e era fonte de acalorados discursos tanto favoráveis como contrários. Pois entendia-se que dependia disso alguma alteração ou novidade na constituição hierárquica da Igreja. Como pano de fundo, havia a concepção clássica do direito romano que muitos padres conciliares tinham sobre "colégio", entendido segundo os moldes do governo civil como grupo de iguais, e isso se opunha diametralmente ao primado do Papa, conforme fora definido no Vat. I.

Portanto, o esquema sobre a Igreja de 1963 conservava os mesmos princípios relativos ao colégio episcopal que serão definidos posteriormente, porém seu mérito era de não dar margem a qualquer tipo de ação "supracolegial" do Papa, conforme constará posteriormente. No texto do esquema distribuído, em 3 de julho de 1964, havia uma definição precisa do que se deveria entender por *collegium*, ou seja, que não tinha conotação jurídica de grupo de iguais, mas de um grupo estável instituído pelo Senhor. De maneira ainda mais insistente e explícita, alertou-se igualmente os padres conciliares para o sentido do termo no dia da votação sobre os Modi (17 de novembro de1964), aceitos pela Comissão para o capítulo 3, "De Ecclesia".

De tal modo, aquele esquema de 1963 concebia o colégio episcopal sempre mantendo sua unidade com o Papa, mas sendo a instância máxima de governo na Igreja, e isso representava um forte contraponto ao Vat. I. No entanto, com a modificação feita no texto, deu-se a entender que existe um duplo princípio de poder na Igreja, isto é, de uma parte o colégio em união com o Papa, e de outra, o Papa sozinho com o direito de ação soberana. Assim, o Colégio não é formado por pessoas iguais, mas desiguais em direito e autoridade. O Papa possui poder primacial não somente enquanto membro do colégio, mas também sozinho. Tal poder papal é sempre "pleno, supremo e universal" e pode ser exercido "sempre livremente" (LG 22b).

Foram apresentadas inúmeras propostas para se alterarem os termos "pleno" e "supremo", porém estes acabaram sendo mantidos. Na formulação de 1964, consta que o poder do colégio: "não pode ser exercido independente do Romano Pontífice". E a versão final, que foi promulgada, reforça propositalmente que "apenas com o consentimento [...]" (22b). Além disso, a "Nota explicativa praevia" simplesmente corrobora a perspectiva de que o Papa possui sozinho todo o poder na Igreja.

Sendo assim, é mister reconhecer que o Vat. II conseguiu recuperar a antiga eclesiologia de comunhão que tem na Colegialidade a sua mais forte expressão eclesial. E os dois riscos que este concílio buscou evitar foram: tornar o Papa mero executor da vontade dos bispos e colocar o Papa acima ou fora da Igreja, como monarca absoluto. Contudo, fez-se isso conservando o substrato juridicista do Vat. I que dá margem, em última instância, a que haja enaltecimento da figura papal e o consequente monopólio de poder em sua pessoa. Portanto, esta justaposição de eclesiologias contrastantes será o elemento complicador para uma adequada e harmoniosa configuração eclesial e dos ministérios.

Numa perspectiva histórica, é impossível não admitir a relevância do papado na Igreja e dentro da História. É indiscutível que a Igreja de Roma tenha gozado de "primazia", preeminência e precedência, justamente por ser lugar-testemunho da fé dos dois grandes apóstolos Pedro e Paulo, inclusive João, que ali sofreu flagelos. No entanto, não houve, nos primórdios do Cristianismo, um "primado jurídico" de Roma sobre as demais igrejas. Neste sentido, é elucidativa a expressão de Santo Ambrósio: "Primatum confessionis non honoris, primatum fidei non ordinis" (*De incarn* IV, 32 – PL 16,826). Portanto, é impossível precisar a existência do papado nos primeiros séculos, com estrutura bem configurada e tendo poder de jurisdição sobre as demais igrejas! A melhor hipótese está em admitir um processo histórico que se desenvolve, sobretudo a partir do século IV, com expansão no espaço do império e segundo seus moldes jurídicos. Contudo, de Leão Magno até o *Dictatus Papae* de Gregório VII, a afirmação do primado do Papa será sempre vista e relacionada com a ordem episcopal. Posteriormente, predominará a visão da figura papal como elemento institucional autônomo, e o Concílio de Florença e o Vat. I entram para a História como aqueles que defenderam o primado papal com veemência.

Este sucinto percurso histórico sobre o papado permite entrever que não existe um "modelo" definitivo e supra-histórico de Papa, mas que cada contexto exigiu que essa instituição eclesial se reinventasse e se adequasse (TIERNEY, 1975, p. 56-65). Por isso, qualquer apologia a um determinado perfil papal torna-se nociva à própria função que ele comporta. Interessante notar que o enrijecimento do papado foi menos de natureza dogmática e mais de natureza ideológico-cultural.

O entrave para a união com as demais igrejas cristãs não é tanto o Papa, mas o papado. A ponto de o ministério que se caracteriza como referência de unidade tornar-se paradoxalmente o motivo de tantas divisões entre as igrejas cristãs. Até mesmo papas reconheceram a existência desse obstáculo – Leão XIII (*cf. Praeclara gratulationis* [20-6-1894] *in AAS* 26 707 [1893-1894], e mais recentemente João Paulo II, que fez o convite a uma revisão do ministério petrino – *cf. Ut unum sint*, 1995). A questão que norteia a reflexão é: quais elementos pertencem ao dom permanente de Cristo à Igreja, e quais são acréscimos históricos ou posições condicionadas pelos tempos? Não há dúvidas, nem de católicos e nem de cristãos de outras igrejas, que o ministério petrino pode servir à unidade eclesial em nível universal. O problema nodal está na forma prática do seu exercício, que não pode desconsiderar outras expressões essenciais da eclesialidade, como a conciliar e a sinodal.

Isso posto, é momento de balizar as contribuições e lacunas do Vat. II em torno do ministério papal. Primeiramente, faz-se mister considerar o quadro eclesiológico mais amplo que o Concílio desenvolveu ao acentuar a missão de todo o Povo de Deus e a Colegialidade episcopal. A LG, embora corroborando o primado do Papa (18 e 22) e a doutrina segundo a qual o Papa é o "perpétuo e visível princípio e fundamento da unidade" (LG 23a), não deixou de reconhecer também a sacramentalidade do episcopado (LG 21b), isto é, apresentou uma teologia desse ministério atribuindo poder de ordem, de governo e de ensino aos bispos. Assim, houve a redescoberta do lugar do ministério episcopal na Igreja, ou seja, da incorporação dos bispos no colégio episcopal a partir da ordenação sacramental, assumindo concomitantemente responsabilidade por uma Igreja local e pela Igreja universal. Isso possibilitou uma visão mais equilibrada do papado sem que fosse obnubilada sua imprescindível função.

No que concerne ao sacramento da ordem, sempre se manteve a convicção de que o papado não se constitui em outro grau hierárquico. O Papa é, em primeiro lugar, um bispo, e dentro desse ministério tem uma posição especial no colégio episcopal e em toda a Igreja. Além disso, o Concílio esclareceu a natureza colegial que envolve a ordem episcopal, dentro da qual o bispo de Roma goza de uma posição *sui generis* (LG 22a). Por conseguinte, tal Colégio é "sujeito da suprema e plena potestade sobre toda a Igreja", desde que *cum Petrus et sub Petrus*; poder esse que também se reconhece ao Papa individualmente. Destarte, existe uma dupla forma (pessoal e colegial) de exercício da autoridade suprema na Igreja, ou seja, a constituição hierárquica da Igreja é ao mesmo tempo colegial e primacial.

Desse modo, o Colégio não pode exercer seu poder a não ser que esteja em comunhão com o Papa; por sua vez, o Papa não pode anular a função colegial do episcopado, pois é Papa somente enquanto é membro do colégio episcopal. Contudo, o ordenamento jurídico desse relacionamento é bastante complexo. A dialética assumida pela constituição dogmática não se baseia em dois poderes – ordem e jurisdição, mas entre papado e episcopado. Tudo isso se torna ainda mais complicado de se entender, se considerarmos o caso dos cardeais que formam um colégio dentro do colégio episcopal, gerando a sensação de um poder bicameral na Igreja, ou de que o episcopado seja de segundo escalão enquanto instância de autoridade.

Portanto, a partir dos textos conciliares, de um lado, verifica-se que há um elemento contrastante com a tradição eclesiológica que concentrava todo o poder somente nas mãos do Papa, pois o Vat. II admite um poder de governo aos bispos. Ele sustenta, sobretudo, que a origem desse poder é sacramental e não derivada de concessão papal (LG 27b). De outra parte, um limite da teologia do Concílio é apresentar o colégio estruturado em forma de binômio, segundo a imagem do corpo e da cabeça, na qual, diferentemente do corpo fisiológico, a cabeça parece poder agir sem o corpo, enquanto o contrário é excluído, diferentemente de tudo o que acontece às vezes nos outros corpos sociais (*cf.* LG 22). Dessa forma, a conclusão lógica que se impõe é que o Colégio sem sua cabeça não tem poder algum (LEGRAND, 2000, p.109; 114-116).

Sendo assim, o Concílio hesitou em situar o primado, coerente e exclusivamente, como centro do colégio episcopal. Depreende-se isso da "Nota explicativa praevia" e da versão definitiva de LG 22, que contrasta com a primeira formulação de 1963, conforme já exposto. Na verdade, a "Nota prévia" foi considerada útil, mas não necessária. Pois o próprio texto conciliar já continha as ideias que a nota somente enfatizou. Sua preocupação primária era com a clareza jurídica. A confluência disso foi a coexistência de duas perspectivas eclesiológicas no horizonte conciliar.

Se no campo teórico-teológico é possível constatar esse paralelismo eclesiológico e uma integração insuficiente de perspectivas, na prática eclesial transparece ainda mais claramente a superposição de paradigmas pré-conciliares a princípios meramente formais e simbólicos de colegialidade, porém vazios de efetivas estruturas operativas de poder descentralizado. Os anos pós-conciliares confirmaram uma política romana de reforço da autoridade única na Igreja, fragilizando as igrejas locais, as conferências episcopais e tornando os sínodos órgãos simplesmente consultivos e não deliberativos.

Em síntese, é possível assentir que

> o concílio introduziu uma compreensão mais equilibrada das relações entre papado e episcopado. As consequências são evidentes no plano das dinâmicas internas [...]. Pode-se ficar satisfeito ou não quanto ao grau de realização, mas não se pode negar o dado. (ACERBI, 2000, p. 155)

Um último dado importante refere-se ao dogma da Infalibilidade, que, no Vat. II, é inserido nesse conjunto eclesiológico equilibrado que reconhece que a Igreja é como a depositária primária desse atributo (LG 25c). Portanto, em relação a isso, o Papa é visto como cabeça do colégio episcopal e como mestre da Igreja universal, e não como indivíduo que goza dessa prerrogativa. A Infalibilidade pode ser também exercitada pelo colégio episcopal, que inclui o Papa.

Dessa maneira, nota-se que o Concílio contribuiu com suas decisões doutrinais para esclarecer que o Papa não é uma figura em si, colocada acima ou fora do contexto eclesial. Mesmo porque a concentração de poder sobre o Papa faz que seja humanamente impossível governar; e, quando delega, faz com que se criem poderes de mando sem vínculos ou anônimos, mas com conotação de decisões papais. A cúria romana, como central administrativa e burocrática, acaba assumindo esse papel. Ora, o ministério papal tem de estar inserido no dinamismo de comunhão que caracteriza toda a teologia da Igreja do Povo de Deus, dentro da qual as igrejas locais com seus respectivos bispos devem ter participação. Afinal, "o exercício eficaz do primado e uma forma participada de governo não são coisas contraditórias; ao contrário, se condicionam e se sustentam mutuamente" (ACERBI, 2000, p. 185). Além do mais, o exercício de poder descentralizado e caracterizado pela pluriformidade abre canais para uma aproximação maior com as outras igrejas cristãs.

Sendo assim, tanto sob a óptica bíblica como à luz do espírito conciliar, o ministério petrino de confirmar os irmãos na fé (Lc 22, 32; Jo 21,17) tem também de assegurar um real exercício de corresponsabilidade pela vida eclesial. Pedro é o primeiro, mas não o único responsável; não está isolado dos Doze ou das igrejas. Ao invés de realçar e evocar somente a consistência e solidez doutrinal a partir desse ministério, faz-se imprescindível redescobrir a autêntica função de ser *kefas*, isto é, de ser gruta rochosa que oferece abrigo em lugares desertos à gente pobre, a peregrinos expostos a toda sorte e perigo (DE SOUZA, 1990, p. 236-245). Esta é uma face universal e incontestável que esse ministério comporta.

Com base no exposto, pode-se inferir que a "eclesiologia hegemônica" que emerge desse concílio, especialmente na recepção criativa em contextos socioeclesiais como o latino-americano, atesta inúmeros avanços e mudanças. A possibilidade de um exercício colegial de autoridade na Igreja existe. Todavia, há também uma "eclesiologia residual" promovida por setores dentro da macroestrutura eclesial mais aferrados aos paradigmas monárquicos. Assim, existe também margem de possibilidade para o exercício pessoal de poder supremo na Igreja. Embora essa tensão seja ainda latente e tenha condicionado o processo de recepção do Concílio, ela tem sido geradora de sinais promissores. Afinal, as definições sobre o papado deixam espaço para variabilidades e para uma real renovação nos modos, conteúdos e objetivos do ministério petrino, segundo a parrésia de quem foi eleito para assumir esse serviço.

Destarte, sob o impulso conciliar, o exercício de autoridade na Igreja deveria se equilibrar a partir de três princípios: comunidade, colegialidade e presidência. Se o Vat. II não alcançou uma síntese satisfatória nem ao menos soluções funcionais concretas, deverá ser retomado como ponto de partida (SESBOUÉ, 2011, p. 133-161). O inadmissível é fazer equivaler o seu ensinamento com a perspectiva maximalista responsável de promover a doutrina inflada do primado papal. Estamos todos, moralmente, obrigados a viver a nova estação eclesial inaugurada pelo Concílio e a trabalhar para que se efetivem as estruturas colegiais e participativas da vida eclesial, inclusive a partir do ministério petrino. Este deve se caracterizar como serviço *na* e *para a* Igreja e não como poder *sobre a* Igreja.

6.4 *O episcopado como princípio e coração da ação eclesial colegial*

Embora "episcopado" seja um termo a que tenhamos feito referência em outras passagens, é bastante importante no conjunto do que significou o Vat. II. Ele representa de certo modo o fiel da balança, pois justamente com base no episcopado é que se buscará o devido equilíbrio com o Vat. I que havia focalizado mais o ministério petrino. Em vista disso, as principais ocorrências deste termo nos textos conciliares estão em: LG 15; 18b e 20b; PO 2b; CD 5 e 20b. Ao passo que o termo "episcopal" aparece 53 vezes, "bispo" aparece 325 vezes.

Ora, episcopado refere-se ao primeiro grau do sacramento da Ordem; quem recebe a ordenação episcopal é inserido na comunidade (colégio) dos bispos. Portanto, é o agrupamento dos membros do colégio episcopal que, juntamente ao Papa, formam o sujeito de suprema autoridade na Igreja. Enfim, o episcopado remete para a ideia de que o colégio apostólico se perpetua na ordem dos bispos (LG 20).

Dentro da constituição dogmática sobre a Igreja *Lumen gentium*, que ocupa lugar singular entre os textos conciliares, encontra-se a doutrina sobre o episcopado, que indubitavelmente é um capítulo portador de novidades. Dos 2.217 discursos pronunciados no Vat. II, 311 foram sobre o episcopado. Sem desmerecer outras tratativas, o tema do episcopado representa todo o esforço de síntese que o Concílio buscou realizar. A própria cronologia dos debates e das decisões em aula conciliar, que será brevemente exposta, corrobora a consciência que os padres conciliares tinham de que o episcopado era tema de capital importância.

A discussão em torno da hierarquia durou de 4 a 16 de outubro de 1963, ocupando oito congregações gerais, e teve 123 intervenções. Obviamente, o tema mais debatido nesse contexto foi o da colegialidade dos bispos. É bastante significativo que as manifestações favoráveis à colegialidade eram expressas coletivamente, ou seja, vinham de grupos de bispos; ao passo que as posições contrárias eram expressas por indivíduos.

Em 30 de outubro de 1963, foram votados cinco pontos doutrinários; aqui nos interessam os quatro seguintes: 1) a "sagração episcopal" constitui o grau supremo do Sacramento da Ordem? Para 2.123, sim; para 34, não; 2) todo bispo legitimamente consagrado, em comunhão com os bispos e o Romano Pontífice, que é cabeça deles e princípio de unidade, é membro do corpo episcopal? Para 2.049, sim; para 104, não; 3) o corpo ou o colégio episcopal sucede ao colégio dos apóstolos no *múnus* de evangelizar, de santificar e de apascentar; e, juntamente a seu chefe, possui poder pleno e supremo sobre a Igreja inteira? Para 1.808 sim; 336, não e 4 nulos; 4) o citado poder (pleno e supremo sobre a Igreja inteira) compete ao colégio episcopal por direito divino? Para 1.717 sim; 408, não; 13 nulos.

Durante os debates, na sessão 2, sobre os seis primeiros capítulos do esquema *De Ecclesia,* foram apresentadas cerca de 4.000 emendas (oralmente ou por escrito). Por isso, o texto foi profundamente modificado pela comissão teológica. Considerando que o regulamento do Concílio previa que cada emenda aceita pela Comissão deveria ser votada em aula, isso significava que haveria inúmeras votações sobre o esquema. Portanto, foi necessário haver uma modificação do método na sessão 3, exposto em 15 de setembro de 1964. Enquanto para o capítulo 1 ("O mistério da Igreja") houve a sugestão de que fosse submetido a um só sufrágio, o capítulo 2 ("O Povo de Deus") seria sufragado cinco vezes; o capítulo 3 ("A constituição hierárquica da Igreja"), por ser tema nodal do Concílio, seria subdividido em 39 unidades a serem sufragadas uma por uma, com mais uma votação global de todo o capítulo. E assim, no dia seguinte, estava aprovada esta modificação do método de votação.

Sem entrar nos meandros das "Relações oficiais" que foram apresentadas aos padres conciliares nem na votação de cada unidade, vamos ressaltar somente quais das votações produziram de fato mudanças substanciais, apesar das oposições que sofriam. Trata-se da sacramentalidade do episcopado e da colegialidade dos bispos que se deram respectivamente na sétima, e da décima à décima sétima votação em 22 e 23 de setembro de 1964. Antes da votação global e definitiva do texto do capítulo 3 da LG, houve uma campanha anticolegialista para se conseguir a modificação do texto. Devido ao conteúdo do capítulo 3. comportar duas partes distintas, a comissão teológica pediu para que fossem realizadas duas votações globais: dos números 18-23 e, em seguida, dos números 24-29. Houve votação do plenário, que concordou com esse procedimento. Portanto, a primeira votação global (que incluía os números relativos à doutrina da Sacramentalidade e Colegialidade do episcopado) teve o seguinte resultado: 1.624, sim; 572, aprovação com reserva (*placet iuxta modum*); 42, não; e 4, nulos. De modo que, a comissão teológica poderia ainda rever algumas palavras e formulações do texto segundo os "modos" sugeridos, mas não poderia modificar a doutrina. Ademais, é significativo que apenas 2% dos votantes foram contra! A segunda parte da votação também obteve um bom resultado favorável.

No entanto, o bombardeamento contra o capítulo 3 continuou com as propostas de modificações ao texto, mas devido à repetição produziram não mais que 31 alterações; sendo algumas delas bastante importantes. Chama a atenção o fato de que, em um texto que deveria de *per si* tratar do episcopado, seja mencionado mais de 40 vezes o Romano Pontífice. Isso reflete a resistência e obstinação do grupo opositor à colegialidade episcopal. Ademais, a mando de autoridade superior, as mudanças introduzidas foram explicadas em uma nota lida em concílio pelo secretário-geral – a chamada "Nota explicativa praevia". A justificativa para tal procedimento era que se tratava de evitar interpretações inexatas do texto. Na verdade, a "Nota..." era um texto da comissão teológica e não do Concílio enquanto tal (RATZINGER, 1965, p. 780-785). No entanto, finalmente no dia 17 de novembro de 1964, recebiam a aprovação as tais alterações do capítulo 3.

Posto isso, é importante perceber que a abordagem que o Vat. II faz sobre o episcopado está pressupondo o concílio anterior, que proclamou os dogmas eclesiológicos do primado e da infalibilidade do magistério papal. Todavia, percebeu-se que, se não houvesse a formulação de uma teologia do episcopado, ainda que se tenha utilizado em grande parte uma linguagem em chave jurídica, prevaleceria uma visão parcial e desequilibrada da teologia sobre a Igreja. Foi em vista dessa visão orgânica que se resolveu ponderar sobre a natureza, competência e especificidade do ministério episcopal na Igreja. Em outras palavras, a doutrina do primado pontifício do Vat. I foi complementada e equilibrada com a do episcopado do Vat. II. Acima de tudo, houve no último concílio, especificamente na LG, a grande intuição teológica em fazer preceder o capítulo sobre o Povo de Deus ao capítulo sobre a hierarquia. Isso revela o grande sonho em dar um lugar adequado e reintegrar definitivamente a hierarquia ao corpo eclesial.

Portanto, como fruto do esforço dos padres conciliares em salvaguardar uma sólida teologia do Episcopado, temos o capítulo III da LG, que praticamente discorre sobre o episcopado e o decreto *Christus Dominus* (CD) sobre a ação pastoral dos bispos. Então, a partir dos textos conciliares, colheremos aqueles elementos mais relevantes sobre o episcopado. Mas não focalizaremos o que se constitui de certo modo traços tradicionais, como por exemplo, as funções específicas; nem ressaltaremos aspectos jurídicos etc. O escopo vem de pinçar em linhas gerais a teologia conciliar sobre o episcopado.

Principiamos pelo dado que o Concílio esclareceu, suficientemente bem, que o bispo não é alguém subalterno ao Papa a ponto de se tornar um mero cumpridor de suas ordens. Ao contrário, o bispo governa o seu rebanho em nome de Cristo e não do Papa, graças ao seu poder próprio (isto é, não delegado), ordinário e imediato (LG 27a, b). Obviamente, está pressuposto nisso um governo que se realiza na unidade da Igreja e sob a autoridade do poder supremo que nela existe (LG 22b). Pois, a comunhão hierárquica implica uma relação com o primado. Contudo, o reconhecimento de um centro referencial e dinamizador do Catolicismo não pode fazer com que as dioceses sejam simples sucursais de Roma, nem que seus respectivos bispos sejam executores e repetidores de ordens superiores. Pois cada diocese é, em sentido pleno e verdadeiro, "Igreja"; e não parte de um corpo maior administrativo. Desse modo, a compreensão da Igreja é de uma "comunhão de Igrejas". A ação pastoral que o bispo tem a incumbência de coordenar deve ser capaz de imprimir um rosto próprio à sua Igreja. Os bispos com potestade própria, ordinária e imediata nas dioceses são vigários de Cristo (seguindo uma antiga tradição), e não do Papa!

Igualmente relevante é o fato de o Concílio, ao atribuir a cada bispo o governo a uma porção do Povo de Deus (a diocese), aponta também para a necessária "solicitude pastoral" que o bispo deve ter pela Igreja universal (LG 23). Assim, o bispo não possui autoridade soberana e isolada do conjunto da vida eclesial, mas uma responsabilidade (não jurisdição) e missão perante toda a Igreja. Isso corrobora o senso de unidade de fé e de corresponsabilidade pela evangelização do mundo.

No entanto, cabe observar que um limite da teologia episcopal do Vaticano II é apresentar o colégio com uma existência plenamente significativa (LG 22), mas independente da presidência de uma diocese e anterior ao ministério de comunhão entre as Igrejas, do qual os bispos são encarregados (exceção é LG 23d). Em resumo, o Concílio define a natureza do *collegium episcoporum* prescindindo de uma explícita consideração sobre a *communio ecclesiarum*. Trata-se de um desenraizamento da colegialidade em relação à comunhão eclesial. O efeito disso, na prática, é afastar-se da grande tradição eclesiológica e possibilitar as ordenações absolutas de bispos sem Igreja, ou seja, de legitimar um episcopado de dignidade funcional. Os bispos, em vez de serem presidentes de igrejas, seriam apenas representantes do alto escalão ou da autoridade.

À afirmação conciliar (que tecnicamente não é uma definição, mas uma declaração autêntica e solene) de que o episcopado representa a plenitude do sacramento da ordem (LG 21b), devem-se antepor algumas considerações. Primeiramente, é necessário um entendimento lato da nota característica de "apostolicidade" da Igreja. É sobejamente sabido que histórica e teologicamente o ministério episcopal se liga aos apóstolos (LG 20). Entretanto, o próprio texto conciliar (LG 21) é prudente em não precisar histórica, terminológica e teologicamente a concreta articulação desse ministério. O certo é que, enquanto estrutura eclesial, o episcopado foi se desenvolvendo gradativamente. Pois, no início, "epíscopo" e "presbítero" eram termos intercambiáveis atribuídos a quem sucedia os apóstolos no atendimento pastoral nas igrejas que eles tinham fundado. Indubitavelmente, o episcopado garantiu à Igreja imediatamente posterior ao período neotestamentário a sua unidade e ortodoxia frente aos desafios da sua missão apostólica em desenvolvimento. Contudo, a apostolicidade da Igreja não tem que ver somente com os bispos, mas é um atributo de toda a comunidade eclesial. Imprescindíveis não são apenas os fundadores, mas também os construtores – categoria que engloba a grande maioria que compõe a vida eclesial. Por fim, ao se afirmar como fé da Igreja Católica que o episcopado é de direito divino, significa-se que nem o Papa pode abolir, visto fazer parte da constituição da Igreja de Cristo.

Ademais, o Concílio declarou que a ordenação - LG 21b utiliza o termo "consagração", substituída pelo novo ritual pós-conciliar por aquela mais adequada, embora grupos tradicionalistas prefiram esta - episcopal é um sacramento, e que através deste o bispo é inserido no colégio episcopal. Por conseguinte, o Colégio é constituído por um sacramento e não por um ato jurídico. O Colégio tem poder pleno e supremo sobre a Igreja inteira, e tal disposição é de direito divino, isto é, pertence à sua própria constituição e estrutura. Portanto, está superada a mentalidade pré-conciliar que distinguia entre poder de jurisdição (que procedia do Papa) e a potestade de ordem ou de santificar (que tinha origem sacramental). É a ordenação enquanto origem sacramental da totalidade do ministério episcopal que constitui alguém como membro do Colégio, obviamente em comunhão hierárquica. A *missio canonica* continua sendo necessária, porém não como fonte das funções, mas para que estas sejam exercidas legitimamente.

O fato de reunificar, a título de princípio, "ordem e jurisdição" (LG 27) cria afinidade com a teologia ortodoxa, pois assegura pleno direito a esse ministério. Além disso, ao fundamentar sacramentalmente no Espírito a transmissão de poder, o Concílio é portador de um significado ímpar, quando se pensa na questão do direito dentro da Igreja. Porque este tipo de enraizamento obriga a uma impostação menos secular do direito, isto é, conforma-o ao Espírito de Cristo com consequências práticas nas relações que o bispo estabelece com seus colaboradores (LG 27 e 28). Essa radicação da função episcopal na sacramentalidade impede um retrocesso à figura de mero administrator. Em contrapartida, no modo de o Concílio afirmar a ordenação episcopal há o risco da passagem de uma concepção sacramental para sacramentalista, isto é, reduzida a uma transmissão, por graça da *sacra potestas,* entre quem confere e quem a recebe, sem nenhuma participação ou função da assembleia da Igreja local.

Ainda sobre isso, vale lembrar que todo ministério na Igreja deve ser entendido como concretização do mistério sacramental da Ordem. Nesse sentido, o poder de ordem de um bispo não é essencialmente diferente daquele do Papa. E, ao se reconhecer ao bispo a plenitude do sacerdócio (LG 21b), não se lhe atribui que ele é toda a Igreja ou que somente ele a representa, mas que é "princípio e fundamento visível de unidade" (LG 23a), embora essa concentração da realidade eclesial nos ministros da Igreja seja vista como um complicador sob a perspectiva ecumênica.

O Concílio reconhece e incentiva as conferências episcopais por refletirem a ação eclesial a partir da pluriformidade de situações pastorais dos vários países e continentes (LG 23d). Na verdade, esse organismo eclesial é resultante da estrutura colegial da Igreja. O Vat. II resgatou, em detrimento da centralização de poder na figura papal, uma práxis antiga da Igreja: a atividade colegial e de corresponsabilidade pastoral dos bispos (LG 22 foi um dos textos mais laboriosos do Vaticano II). Portanto, as conferências episcopais são um modo de "concreta aplicação" do chamado *affectus collegialis*. O princípio que está na base disso é o de evitar a centralização e reconhecer o direito de participação e corresponsabilidade do episcopado em questões que sejam de comum preocupação de todos os dirigentes eclesiásticos. A conferência, por princípio, jamais se afirmará como uma Igreja nacional ou irá coarctar a legítima autonomia do bispo em sua diocese. O que está em jogo é a expressão de comunhão, que é da essência da Igreja.

Contudo, sem uma regularização jurídica dos princípios eclesiológicos (por melhores que sejam), torna-se inviável e impraticável a sonhada descentralização de poder e decisão, bem como o direito das conferências de exercerem uma participação mais direta e real em matérias que são primariamente de seus interesses. Em síntese, a proeza ou o mérito do Vat. II está em ter revitalizado a colegialidade na Igreja. O seu limite seria projetar a colegialidade apenas no âmbito hierárquico. Nesse sentido, é válido observar que os bispos são ordenados sacramentalmente para viver a colegialidade, mas sob a óptica jurídica gozam de extrema autonomia.

No entanto, além de resgatar um dos melhores elementos da grande tradição eclesial, o Concílio mostra-se em sintonia com a sensibilidade atual da sociedade, que prefere o exercício colegial de autoridade e de decisão. No horizonte teológico do Concílio, o equilíbrio consiste em integrar harmoniosamente, em uma perspectiva de comunhão, Primado e Colégio; ao invés de justapô-los ou fazer com que haja oposição entre eles. Importante notar que o Vat. II nunca adjetiva o Primado com "de jurisdição", a ponto de o Papa ter de tornar-se o primeiro a potencializar e promover o ministério dos bispos como colégio (LG 27b).

Embora a ação oficial da Igreja seja reconhecidamente do bispo (segundo as letras do Concílio); na prática não se pode desconsiderar que são os presbíteros quem animam pastoralmente e dirigem efetivamente a vida das comunidades eclesiais. Por isso, a qualificação dos presbíteros como auxiliares do bispo não revela toda a realidade (LG 28); mesmo porque o ministério presbiteral é exercido em nome de Cristo, ainda que sob a direção do bispo (PO 2). Aliás, nesse ponto nunca é demais sublinhar que não basta o bispo ser a cabeça do presbitério, é preciso que seja também seu coração (CHEMELLO, 1989, p. 31). Ademais, deve ser prioridade na missão do bispo como pastor o propósito de garantir um lugar ativo dos leigos na vida eclesial, ou seja, de promover a participação e a vivência adulta da fé destes que são a maioria na Igreja. Afinal, o Concílio definiu a autoridade do bispo como a de pai e irmão, homem de solidariedade e fraternidade evangelizadora. Sinteticamente, sua missão consiste em servir (LG 24a).

Na esteira daquilo que foi exposto, e dentro do espírito conciliar, depreende-se que implicitamente uma nova fisionomia episcopal começou a ser forjada. O retrato do bispo delineado pelo Concílio é menos correspondente a um burocrata ou legislador eclesiástico (ainda que sejam imprescindíveis as estruturas jurídicas), e mais afeito a um pastor sintonizado com a realidade do Povo de Deus (colocando-se nem acima, nem abaixo, mas no meio, como quem serve). Dessa forma, a fundamentação dogmática dada ao episcopado pelo Concílio incide diretamente no ministério teológico-pastoral dos bispos; veja-se a esse respeito o testemunho de bispos que encarnaram as intuições do Concílio, (LORSCHEIDER, 1984, p. 754-757). É assim que se configura o episcopado em sua dimensão paraclética. Trata-se, em última instância, de compreender que a estrutura hierárquica da Igreja se insere numa perspectiva eclesiológica entendida como Igreja Povo de Deus, na qual cada ofício ou ministério está a serviço de todos, especialmente dos que carecem de maior proteção e defesa: os pobres.

É na esteira disso tudo que se deve entender adequadamente o papel de autoridade e a imprescindibilidade do bispo na Igreja. Pois:

> Na Igreja, a autoridade é um poder espiritual antes de mais nada: o poder de aumentar a fé da comunidade, o poder de dirigir a oração, de fazer da liturgia uma vivência do Reino de Deus, de despertar as obras de caridade, estimular as responsabilidades de todos. A autoridade tem os seus aspectos administrativos, mas estes são muito secundários e não devem fornecer os critérios da eleição. Um bispo que não sabe administrar encontrará facilmente um bom secretário. Mas um bispo que não sabe evangelizar os pobres é insubstituível: será incapaz de exercer o poder de Deus. (COMBLIN, 1987, p. 149)

Enfim, no que concerne ao Episcopado o Concílio não produziu uma síntese, mas abriu caminho para ela, sobretudo despertando para a ação colegial e corresponsável na evangelização. Acima de tudo, o Vat. II (LG 21), em contraste com Trento, mas em sintonia com a Igreja antiga, resgatou a visão do ministério a partir do episcopado. Assim, pode-se depreender dos documentos conciliares uma teologia dos ministérios que contempla a totalidade de seus aspectos oriundos do sacramento, e remete para o contexto ministerial global da Igreja (TABORDA, 2011, p. 107-133) - tendo no horizonte a convicção que:

> *Sensus fidelium, sensus ecclesiarum, sensus mundi* se apresentam assim como o novo campo onde se deve exercer e alimentar hoje o serviço do magistério, caso pretenda ser fermento atual e promotor de futuro. (TORRES QUEIRUGA, 2003, p. 191)

6.5 *A diaconia como pressuposto da verdadeira* koinonia

Na continuidade dessa averiguação da nova impostação dos ministérios que o Concílio provocou na Igreja e na mudança da própria consciência eclesial, vamos analisar agora algo sobre o diaconato. Este ministério tem raízes na tradição, mas que havia ficado obnubilado. O Concílio jogou nova luz também sobre ele a fim de garantir de fato uma nova compreensão do serviço na Igreja.

Dessa maneira, o termo "diaconato", nos textos do Vat. II, aparece em: LG 29b; AG 16 e OE 17. No entanto, encontram-se também: "diaconal", duas vezes; "diaconia", duas vezes; "diácono", 14 vezes. Assim, os termos sinônimos e análogos são: "diaconal", "diaconado", "diaconia" e "diácono". As conotações desse verbete são: primeiro grau na estrutura hierárquico-eclesial, grau próprio e permanente, ministério, serviço, e dimensão caritativa e servidora da Igreja.

O restabelecimento do diaconato permanente na Igreja Latina geralmente é atribuída à alocução do Papa Pio XII aos participantes do segundo Congresso Mundial do Apostolado dos Leigos, ocorrido em Roma, em 5 de outubro de 1957. A partir daquele pronunciamento papal, teria se intensificado a busca de documentar com estudos históricos, teológicos e pastorais, o diaconato. A intervenção do Papa, mais que um "freio", teria servido na verdade de "filtro" para ajudar na maturação em torno do assunto. Ademais, atribui-se que, em segredo, as comissões jurídico-disciplinar e missionária do chamado "concílio de Pio XII" (projetado em 1948, mas que não se realizou) já haviam levantado esse argumento do diaconato.

Todavia, tanto a locução papal quanto os acenos secretos das comissões tão somente refletiam o clima de discussão que já existia precedentemente sobre o assunto. A obra conhecida como *Suma Diaconal*, organizada por K. Rahner e H. Vorgrimler (*Diaconia in Christo: über die Erneuerung des Diakonats*. Freiburg: Herder, 1962) serve de exemplar dessa conjuntura. Tanto expoentes pessoais como coletivos defendiam a retomada do diaconato permanente na Igreja. Entre os grupos organizados, destacava-se o Movimento Diaconal Alemão, as instâncias do mundo missionário e a proposta da França. Na Alemanha, sobretudo, no período do pós-Guerra, ganhou força o movimento em favor da ordenação diaconal de pessoas que estivessem envolvidas nos trabalhos da Igreja. Assim, em grande parte, foi através dos bispos alemães que a proposta de restauração do diaconato chegou ao Concílio Vaticano II. Dos 1.500 bispos que enviaram propostas ao Concílio, 341 deles referiam-se ao diaconato permanente; destes, 329 eram favoráveis ao seu restabelecimento.

Portanto, tendo o Concílio Vaticano II de tratar dos problemas pastorais, de alcançar uma imagem nova da Igreja e de abordar os ministérios eclesiais (especialmente a função episcopal), não podia omitir a discussão sobre o diaconato. Além disso, centenas de bispos haviam pedido às comissões preparatórias para inscrever o diaconato entre as questões a serem submetidas ao Concílio. A própria comissão dos sacramentos tinha redigido um texto bastante amplo sobre a questão; a comissão teológica também levaria o problema à assembleia, embora com reduzido conteúdo.

No entanto, no esquema *De Ecclesia* estava inserida apenas esta fórmula: "No grau inferior do ministério hierárquico, os diáconos assistem o bispo e os padres; eles ajudam na celebração do sacrifício [...]". Porém, o texto primitivo do *De Ecclesia*, apresentado em 1°. de dezembro de 1962 à assembleia, foi rejeitado.

No mês de fevereiro de 1963, os bispos de Alemanha e Áustria se reuniram em Munique e compilaram um esquema, *De Ecclesia,* que enviaram a Roma como contribuição para se refazer a constituição dogmática sobre a Igreja. O que servirá de base para a sessão seguinte constava no capítulo 3, *De ministeriis et de ministris*, sendo o n. 33 dedicado ao diaconato: *De diaconis*. Em seguida, a comissão teológica encarregada formula o novo esquema e o envia aos padres, a fim de receber deles ulteriores observações. O texto sobre o diaconato reflete na estrutura e nas palavras o texto sugerido dos bispos austríacos-alemães, distanciando-se, porém, em alguns raros, mas importantes pontos: não é afirmada a sacramentalidade da ordenação; em vez de estarem a serviço do bispo, assistem bispos e presbíteros; não concerne à Igreja, mas aos seus chefes a decisão sobre a lei do celibato para os diáconos. Seguiram-se numerosas e diferentes reações dos padres conciliares.

No início da segunda sessão (outono de 1963), foi discutido o esquema. As primeiras intervenções sobre o capítulo "A constituição hierárquica da Igreja e em especial o Episcopado" datam de 4 de outubro de 1963. Em vez de os padres conciliares começarem discutindo sobre o episcopado e a colegialidade, para finalizarem tratando do diaconato, houve desde o início um bombardeamento contra o restabelecimento do diaconato. Entre os argumentos expostos, estavam os seguintes: que se tratava de uma utopia de liturgistas e de uma espécie de retorno romântico à Igreja primitiva segundo o qual se pensava que tudo antigo é ainda atual. Outros temiam que isso causasse uma ferida no celibato eclesiástico, pois muitos seminaristas renunciariam ao sacerdócio presbiteral se pudessem ser diáconos casados.

Em contrapartida, isso despertou um vivo debate, pois os defensores do diaconato refutavam os argumentos propostos. Foram vários padres conciliares que se manifestaram em nome de grupos numerosos de bispos. Apenas a título de exemplo, durante a segunda sessão, 45 padres (representando 795 outros) falaram a favor e 25 (representando 82) eram contra. E havia aqueles que defendiam o resgate do diaconato, porém sem o casamento. Dentro do episcopado alemão não havia praticamente dissensão sobre o assunto; pois esse debate já estava de certo modo amadurecido entre os alemães. Em síntese, foram evocados na aula conciliar todos os argumentos expostos por escrito no período precedente ao Concílio, sendo a questão do casamento e do celibato as que causavam mais celeuma. Entre os argumentos favoráveis mais relevantes destacam-se: a retomada do diaconato era uma questão pastoral concreta; havia motivações eclesiológicas fundamentais em jogo, isto é, o diaconato pertence à ordem hierárquica da Igreja; e aquilo que se desejava que tivesse mais peso, isto é, que a restauração do diaconato servisse para testemunhar o cuidado da Igreja pelos pobres, ou seja, a sua missão de serviço. Nesse sentido, a intervenção do cardeal belga L. J. Suenens (arquidiocese de Malines-Bruxelles) gozou de um peso ímpar devido à impostação teológica de sua argumentação.

Na conclusão da segunda sessão, em 30 de outubro de 1963, foram apresentados aos padres conciliares cinco quesitos para votação; o quinto quesito era referente ao diaconato, e assim se apresentava: "Estão de acordo em redigir o esquema de maneira que seja considerado a oportunidade de instaurar o diaconato como grau distinto e permanente do ministério sagrado, segundo a utilidade da Igreja nas diversas regiões?" Portanto, era pedido um parecer genérico sobre a retomada do diaconato permanente, sem afrontar a delicada questão da lei do celibato. Dos 2.120 votantes, 1.588 responderam sim, contra 525 "não" e 7 votos nulos. Desse modo, o princípio de restauração estava aprovado por dois terços dos votos. Porém, essa votação não tinha nenhum caráter decisivo, mas se esperava que o Concílio caminhasse na direção apontada.

A terceira sessão, no outono de 1964, trouxe a decisão definitiva. No lugar da breve passagem contida no primeiro projeto de texto, a nova redação do esquema sobre a Igreja consagrava um parágrafo bastante desenvolvido sobre o diaconato (cap. 3, n. 29 da LG). Aliás, foi apresentado aos padres um detalhado relatório sobre os números do capítulo 3 e as respectivas correspondências dos debates tidos em aula. A *relatio* distingue claramente duas partes no n. 29: a primeira trata do ministério diaconal em geral, a segunda trata da restauração do diaconato como ministério permanente.

Com base nesse texto, cinco questões sobre o diaconato foram submetidas ao Concílio em 28 e 29 de setembro de 1964. Apesar da inserção, no novo texto, da faculdade de ordenar homens casados, não houve novo debate. Surgiram apenas dois relatórios, um contra e outro favorável.

A primeira questão era relativa à posição do diácono na Igreja e suas funções. Esta recebeu uma forte aprovação (2.055 votos contra 94; 3 nulos), no modo como encontramos na primeira parte de LG 29. Em seguida vinha a questão de princípio, ou seja, a restauração mesma do diaconato. Esta obteve aprovação de 1.903 contra 242; 3 nulos. Depois, a questão da autoridade competente para decidir o restabelecimento do diaconato restaurado atingiu os dois terços de aprovação, sendo 1.523 favoráveis e 702 contra; 3 nulos. Por último, a questão do casamento ou celibato foi colocada desta vez nestes termos: a) pode-se, com a permissão de autoridade superior, ordenar diáconos homens de idade madura, mesmo já casados? b) Pode-se igualmente conferir a ordenação a jovens capazes, sem submetê-los à obrigação do celibato? A primeira questão foi resolvida por 1.598 "sim" (71% dos votantes) contra 629 "não" e 2 nulos; a segunda resultou em 839 "sim" contra 1.364 "não" e 8 nulos.

O capítulo 3, "A constituição hierárquica da Igreja", por ser tema central do Concílio, foi subdividido em 39 unidades para serem votadas uma por uma. Da 35ª. à 39ª. votação, referia-se ao n. 29 da LG. Importa registrar que somente a proposição que versava sobre conferir o diaconato também aos jovens, sem que lhes fosse imposta a lei do celibato, é que foi rejeitada. Ademais, até aquele momento tinha sido a única rejeição do Concílio!

Enfim, após as emendas de texto, no dia 30 de setembro de 1964, houve duas votações sobre o conjunto de textos do capítulo 3 da LG. A parte que continha, entre outros textos, o parágrafo sobre o diaconato foi aprovado por 1.704 "sim" contra 53 "não". E 481 padres votaram *juxta modum*, mas é difícil saber em qual medida as emendas referiam-se ao diaconato; não parece que tenham provocado modificações na redação definitiva. Em 21 de novembro de 1964, houve a promulgação da Constituição sobre a Igreja pelo Papa Paulo VI (HORNEF; WINNINGER, 1966, p. 216-220).

Para se colher o significado do diaconato que o Concílio resgata é preciso reportar-se à sua base teológica. Ora, do Novo Testamento não se pode deduzir uma imagem clara do papel e da função do diácono, mas apenas que as palavras *diakonía* e *diakonos* remetem ao serviço. É sobejamente sabido que At 6,1-6 não gozou da unanimidade dos exegetas para figurar como descrição do diaconato; referências mais explícitas de pessoas responsáveis, entre os colaboradores dos apóstolos, por uma determinada tarefa estariam em Fl 1,1 e 1Tm 3,8-13. Em todo caso, historicamente se comprova que na Igreja primitiva havia uma atuação intensa e dinâmica dos diáconos. No entanto, a partir do século IV-VI houve um declínio do diaconato, motivado por múltiplas causas, tornando-se praticamente limitado ao serviço litúrgico, até mesmo no Oriente. E, depois do século X, ganhou a conotação de ordem de passagem, ou seja, só podia ser ordenado diácono quem aspirava ao sacerdócio. O diaconato era apenas um degrau intermédio para o sacerdócio ministerial, e não um ministério específico.

Na verdade, sem o diaconato a hierarquia eclesial estaria incompleta. Por isso, a justificativa teológica mais plausível para a sua restauração é que se tratava de um resgate de uma antiga disciplina da Igreja, dentro da qual o diaconato tinha seu próprio lugar. De modo que, indubitavelmente, o diaconato é de instituição apostólica, faz parte do direito divino e da hierarquia da ordem. O diaconato não é uma "ordem nova" que surge na estrutura hierárquica da Igreja, mas o restabelecimento de algo já existente e que pode favorecer a vivência de uma dimensão imprescindível da vida eclesial cristã.

Foi por isso que o Concílio Vaticano II, ao trazer à baila a discussão do diaconato e ao se decidir pela redação e inserção do parágrafo de LG 29 no terceiro capítulo, justamente ao tratar da estrutura hierárquica da Igreja, fez surgir duas novas possibilidades: o diaconato como grau hierárquico próprio e permanente; e o diaconato de homens casados (de idade madura). Assim, o

Vaticano II criou um fato novo na Igreja ao realizar uma modificação importante na disciplina eclesiásica que vigorava desde a Idade Média. Isso foi possível graças às disposições que o Concílio assumiu, entre elas: a impostação de uma nova eclesiologia marcada pela comunhão e com uma teologia dos ministérios que lhe fosse correspondente; por conceber o poder como serviço e a pastoral como chance de proximidade às diversas realidades.

Sendo o Vat. II um concílio eminentemente pastoral, não é de se estranhar que renovasse a diaconia em vista de alcançar a configuração de uma Igreja pobre e servidora da humanidade. Até mesmo por uma questão lógica e de coerência, percebia-se que "não há *koinonia* cristã sem diaconia". Além disso, havia o propósito de despertar a comunidade eclesial para a sua dimensão ministerial, ou seja, ao mesmo tempo que devia manter ligação com a tradição e a ortodoxia, optava-se por incentivar a diversidade do ministério ordenado na Igreja. Ademais, havia de abrir-se à possibilidade de perceber que o matrimônio pode enriquecer a vida ministerial na Igreja e encurtar a distância entre o mundo "sacral" e "social". Por fim, se o Vaticano II não tivesse restaurado o diaconato permanente, conservando somente como elemento de transição para o sacerdócio ministerial, estaria incompleta a estrutura hierárquica eclesial e lhe faltaria um ministério valioso.

Conforme exposto, o texto conciliar de LG 29 trata o diaconato da perspectiva dogmática, sem desconsiderar as consequências pastorais e práticas. No entanto, o referido texto abre, de certo modo, possibilidades, porém sem formular nenhuma prescrição; basicamente fixa o princípio teológico que possibilita formas efetivas e não apenas nominais do diaconato. Será o decreto sobre as igrejas católicas orientais que avançará no restabelecimento da ordem diaconal: OE 17; o texto de AG 16 servirá de complemento para se entender teologicamente o LG 29. Mais precisamente, é preciso admitir que, diferente daquilo que ocorre com o episcopado, a sacramentalidade do diaconato é mais insinuada que ensinada no Vat. II (refere-se que o diaconato comporta uma "graça sacramental", não se usa a expressão "caráter") - de tal maneira que a teologia do diaconato não foi plenamente desenvolvida, mas a partir da aprovação do restabelecimento do diaconato permanente surgiram condições teológico-pastorais para que este pudesse se desenvolver em toda sua potencialidade.

Destarte, as funções que o diácono pode desempenhar ultrapassam aquelas que o Concílio indicou em LG 29a (liturgia, palavra e caridade), ou seja, existe um campo vasto de atividades e uma gama grande de possibilidades abertas. Aliás, os textos conciliares deixam que as experiências a serem feitas ajudem a definir os campos de atuação. De certo modo, a experiência do diaconato permanente resgatado pelo Concílio é ainda recente para poder oferecer-nos todos os traços que compõem a sua identidade. Todavia, sendo um ministério portador de uma graça sacramental, poderá na prática concreta mostrar seu modo de ser, mantendo a fidelidade das origens como ministro servidor para tudo aquilo que lhe seja solicitado, e ao mesmo tempo com criatividade suficiente para perceber as necessidades mais clamorosas da atualidade. O que importa é que a dimensão da diaconia seja recuperada em sua integralidade, sendo indissociáveis o serviço do altar e a prática da caridade. Por isso, o diácono deve ser o intermediário ou o vínculo entre o culto e a vida cotidiana. Em síntese, o diácono, através de seu ministério, deve ser "sacramento" e memória para toda a Igreja de Cristo, para a qual se fez servidor de toda a humanidade. Segundo Congar, a vocação do diaconato é de unir, em seu ministério muito concreto e próximo das pessoas, a pregação da salvação, sua celebração sacramental e as atividades do ágape cristão.

Isso posto, a perspectiva para se compreender o diaconato, a partir do Concílio Vaticano II, deveria ser não a partir daquilo que ele faz, mas daquilo que ele é – presença sacramental de Cristo servidor; é participação na diaconia total de Jesus Cristo. Com isso, não se torna complicador o fato de que a maior parte das funções que são atribuídas ao diácono possam ser realizadas também pelos leigos. Aliás, a proximidade dos diáconos aos leigos é mais facilitadora que obstáculo. Complicadora seria a "clericalização" do diaconato, pois isso o descaracterizaria, uma vez que "a graça sacramental" que recebe o qualifica como pessoa eclesial mais que cumpridor de uma função eclesiástica.

Acrescenta-se ainda que o Concílio em LG 29 remete para textos antigos, mas omite a fonte principal - a *Tradição apostólica*, que afirma: "Na ordenação do diácono somente o bispo imponha-lhe as mãos, porque o diácono é ordenado não para o sacerdócio, mas para o serviço do bispo". Isso pode ser entendido no sentido de que o diácono é ordenado ao serviço em funções que estejam mais vinculadas ao ministério do bispo que ao do presbítero, ou seja, em perspectiva mais diocesana que paroquial (embora não sejam alternativas, mas complementárias). Ademais, pode-se entender que o diácono é ordenado à ajuda, à colaboração para com aqueles que têm outros ministérios e com os quais deve agir em sintonia. Porém, com isso não se deve ressaltar tanto a sua diferença de grau que o considere em situação inferior (LG cuidadosamente não se refere ao episcopado como grau superior, mas como "plenitude do sacramento da ordem"), mesmo sabendo que não há simetria na ordenação, o sacramento da ordem é o mesmo. Nenhum ministério é o todo, mas em comunhão atualizam e fazem prolongar o ministério do Cristo em seus vários aspectos. Mais que uma estruturação piramidal, deve prevalecer a complementaridade. Aliás, exceto a assistência ao sacerdote no altar, não existe em toda a tradição uma só tarefa que seja exclusiva do diácono. Portanto, todas as funções diaconais são participação no ministério de Cristo enquanto servidor. Dentro de uma eclesiologia de comunhão, o diaconato não pode ser enfatizado em sua inferioridade em relação aos demais graus hierárquicos, mas em sua relação de colaboração com os bispos e padres e de servidor dos fiéis.

Teologicamente, o diaconato é uma função hierárquica e sacramental e tem participação no sacerdócio ministerial da Igreja (dentro do seu grau próprio). Por isso o Concílio Vaticano II é claro: os diáconos pertencem não somente ao sacerdócio comum dos fiéis, eles também são membros do corpo de ministros. Com o Vat. II, o diácono é ministro ordinário do batismo e da sagrada comunhão. Portanto, sua atividade é uma função derivada do sacramento da ordem.

Em síntese, o Vat. II se caracterizou pela redescoberta do caráter sacramental do diaconato. Porém, do modo como é apresentado pelo Concílio não se trata de uma simples repetição de algo do passado, mas de uma inovação, ou seja, algo em vista de reais necessidades pastorais, das urgências da Igreja em missão. Nos textos conciliares, consta a trilogia ministerial do diaconato: caridade, liturgia e palavra; não necessariamente nesta ordem (basta comparar LG 29a e AG 16e). Contudo, aquilo que de fato distingue e é a originalidade desse ministério - e serve para delinear as demais ações dele decorrentes - é a caridade. O diácono deve ser o ministro da caridade, existindo para isso um amplo campo de atuação.

Portanto, esta restauração do diaconato como grau próprio e permanente da hierarquia é, na realidade, um tipo de retorno às fontes do sacramento da Ordem, uma reorganização integral de hierarquia. Os textos conciliares apresentam-se como uma referência (que pode revelar até certa ambiguidade devido às diferentes perspectivas que apresentam LG 29 e AG 16), mas sem precisar minuciosamente a figura ministerial do diácono. Para as determinações pormenorizadas, terá de se aguardar os desdobramentos pós-conciliares.

Enfim, uma das dimensões do diaconato pouco sublinhada pelo Vaticano II é a da efetiva participação e corresponsabilidade no governo (administração) da comunidade eclesial. Afinal, nisso se expressa também a real valorização por esse ministério da caridade e do serviço na Igreja.

6.6 *O despontar do laicato*

Embora tenhamos chance de voltar a este assunto mais adiante e ele seja uma das "pedras de toque" do Concílio, vale recordar que o Vat. II, pela primeira vez na História, pôs-se a tratar dos leigos não somente a partir do senso de pertença à Igreja, mas como sujeitos eclesiais. Não por acaso, comentava-se que "no Concílio se falará dos bispos e dos leigos" (MŒLLER, 1965, p. 160). Realmente, esse enfoque transparece no que mais desperta a atenção dos Padres conciliares:

> O concílio renunciou a toda controvérsia a esse respeito e se limitou a uma descrição geral. Foram necessários quatro séculos desde a Reforma para que enfim o laicato e sua missão obtivessem um lugar nos tratados de teologia! A observação é de Dom Wright, bispo americano, relator do capítulo. (PHILIPS, 1968, p. 37-38)

O Concílio afirmou a universal participação dos batizados nas responsabilidades eclesiais (ministérios) e apelou a que todos os cristãos tenham um compromisso ativo na Igreja e no mundo. Encontramos isso nos seguintes textos: *Apostolicam actuositatem* (AA), que é um documento de orientação mais prática; nas constituições dogmáticas *Gaudium et spes* e, obviamente, em *Lumen gentium*, que tratam especificamente dos leigos. No entanto, o conceito de leigo e de laicato está apoiado na distinção entre ordem temporal e ordem espiritual. Inevitavelmente isso acarretará consequências que perduram até hoje, conforme veremos em seguida.

O ponto de partida positivo para qualquer consideração que vise promover o papel do laicato é a consciência que o sacerdócio comum é a base da participação de todo cristão na tríplice missão da Igreja: profética, sacerdotal e régia. Com isso, tem sentido a Igreja ser toda ela ministerial. Todavia, esse resgate do valor dos fiéis leigos na Igreja a partir dos elementos comuns (igualdade essencial do batismo) não resolve de *per si* outros impasses que perduram.

É inegável que, assim como o Vat. II promoveu mudanças significativas na atuação de outros ministérios, também em relação ao laicato não tenha sido diferente. O Concílio realmente possibilitou que houvesse um espaço maior para os/as leigos/as na vida eclesial. Contudo, não se chegou às definições melhores em relação ao papel de atuação deles no interior da Igreja, ou seja, do alcance de sua corresponsabilidade (CARDEAL SUENENS, 1969, p. 122).

Desse modo se constata pouco desenvolvimento ou omissão da participação dos leigos no *munus gubernandi* quando se mencionam as *tria munera* (MOOG, 2010, p. 397-398).

Embora, seja necessário reconhecer que a teologia, o direito e a prática da Igreja nesta matéria, naquela época, ainda fossem muito incipientes. Em todo caso, sente-se que faltou

> conciliar este princípio de igualdade fundamental – se bem que *in varietate*, isto é, com pleno reconhecimento da função específica da hierarquia – entre pastores e simples fiéis, para deduzir algumas implicações sobre a participação destes a pleno título, isto é, com *voto deliberativo* e não meramente consultivo, na tomada de decisões por parte dos diversos órgãos de direção instituídos depois do Concílio a nível local e universal da Igreja. (ANTÓN, 1989, p. 289)

Enfim, em muitas pessoas, sobretudo em parcelas mais conscientes e adultas do laicato, ficou a sensação de que há sérias lacunas nos textos conciliares. Internamente, o laicato goza de alguns direitos na Igreja e pode até ocupar encargos ou ministérios. Todavia, externamente, quando se trata de enfrentar o "mundo", serão os que combaterão sozinhos no *front*. Dessa maneira, em relação à tomada de decisões no governo eclesiástico o laicato continua alijado, ou seja, tem de executar coisas das quais nem sempre ajudou a elaborar ou pensar. A participação ampla é ainda bastante limitada, e por isso mesmo, intensamente reclamada.

> Sem dúvida o futuro reserva um protagonismo cada vez maior aos leigos e às leigas no interior da Igreja no que diz respeito ao ensino, à santificação e ao próprio governo da comunidade. Mas para isso temos que mudar nosso modo de estar na Igreja, temos que lutar por um espaço de liberdade, temos que criar novas estruturas. (MIRANDA, 2013, p. 12)

7. Recapitulando as grandes "conversões" conciliares

Em relação a esse primeiro e rápido sobrevoo que fizemos percorrendo algumas das principais veredas do Concílio Vaticano II, é importante que fixemos ao menos algumas passagens mais encantadoras que não podem ser olvidadas, para que não se comprometa a visão do esplêndido cenário que foi criado. Portanto, as coordenadas que marcaram a renovação eclesiológica do Vat. II, a *grosso modo*, foram:

a) A Igreja passou a ser vista e apresentada na sua profunda raiz mistérica intrinsicamente ligada ao desígnio salvífico do Deus trinitário. Por conseguinte, superou-se o eclesiocentrismo e societarismo que depõem contra a dimensão espiritual e humana da Igreja. Isso fez prevalecer mais o caráter de comunidade de fé da Igreja que o ser mera organização institucional.

b) A Palavra de Deus foi recolocada em sua centralidade na liturgia, na formação do clero, na vida dos fiéis, na reflexão teológica etc. Ela deixou de ser simplesmente adorno para tornar-se elemento vital e dinamizador da vida eclesial. Acima de tudo, tornou-se a "alma da teologia e de toda a vida eclesial".

c) Recuperou-se um maior reconhecimento pelas igrejas particulares e pela colegialidade episcopal, possibilitando, com isso, a descentralização de poder e favorecendo o surgimento de organismos de corresponsabilidade e participação na missão evangelizadora da Igreja. Além de proporcionar um maior empenho episcopal enquanto conferência em diálogo com a sociedade.

d) Resgatou-se a importância da História e da escatologia na perspectiva eclesiológica, favorecendo ressaltar a condição peregrina da Igreja. Ademais, isentou-a daquela concepção triunfalista e de autossuficiência que a caracterizou em outros períodos da História.

e) Inaugurou-se um tempo novo de diálogo sincero e construtivo com todas as realidades que se encontravam à margem da Igreja visível (diversas confissões cristãs, descrentes, religiões não cristãs etc). De maneira que a imagem da Igreja se tornou mais simpática e menos autoritária e de menor superioridade.

f) A Igreja modificou sua atitude diante dos problemas do mundo moderno. Houve uma suspensão das condenações, passando-se ao reconhecimento da autonomia das realidades temporais. Talvez nisso esteja sua ruptura maior com o contexto de Cristandade, pois foi capaz de se perceber como uma instituição importante, mas não a única dentro do mundo.

g) Os ministérios ordenados passaram a ser novamente concebidos em sua dimensão de serviço e não mais como *status* de poder e privilégio dentro da sociedade. A santidade deixou de ser um artigo de luxo restrito a uma elite espiritual e foi ampliada para todos os batizados como vocação universal.

h) Maria passou a ocupar o devido lugar na vida cristã em sua tríplice relação com Cristo, com a Igreja e com todo/a discípulo/a. Muito significativo que a tratativa mariológica foi inserida na constituição dogmática sobre a Igreja, e não em um tratado à parte. Isso corroborou sua presença na vida eclesial como modelo de discipulado cristão.

i) Embora não se tenha deixado de reconhecer o valor da instituição eclesial, valorizou-se e sublinhou-se o quanto é imprescindível o "carisma" na vida cristã. Isso representou uma relativização da mentalidade jurídico-canônica que em outros tempos era determinante e liquidava toda criatividade e liberdade.

j) Houve significativa alteração na metodologia do próprio labor teológico. E não podia ser diferente, pois ante tantas modificações da sociedade e da Igreja, a teologia também precisava ser repensada e reelaborada; fazia-se mister um novo paradigma teológico para os tempos atuais. Ocorria a passagem da teologia dogmatista para a hermenêutica.

k) O Vat. II representou, em seu conjunto, a despedida de uma era eclesial. Foi "a despedida de 1.500 anos de uma Igreja unida ao Estado, despedida de 1.000 anos de separação entre a Igreja do Oriente e a do Ocidente, despedida de 500 anos de divisão e controvérsias entre a Igreja Católica e as igrejas da Reforma, despedida de mais de um século de fechamento à modernidade, despedida de mais de 400 anos de uma eclesiologia institucional-hierarcológica" (SCHICKENDANTZ, 2013, p. 35-59).

l) Por fim, certamente a mais revolucionária de todas estas coordenadas expostas, porque acabou sendo a causa para muitas delas: a compreensão da Igreja a partir da categoria bíblica de Povo de Deus. Isso possibilitou a afirmação da igualdade fundamental de todos os batizados e a superação da perspectiva hierarcológica e jurídica no meio eclesiástico. Pois se nota que "vai impondo na consciência geral a verdadeira *diferença teológica*. Somente Deus é Deus, e tudo o mais, aí incluída a Igreja, é unicamente sinal – 'sacramento' – que remete a Ele, só e exclusivamente a Ele. Nem a Igreja é o Reino e nem a hierarquia é a Igreja, embora tudo tenha sua função irrenunciável". (TORRES QUEIRUGA, 2003, p. 252).

Apresentamos assim, em grandes linhas, a moldura daquilo que o Concílio significou, mudou e possibilitou.[9] Pressupondo então esses elementos, estamos agora em condições de aprofundar a coordenada mais emblemática das que foram elencadas, por incidir direta e intensamente na compreensão eclesiológica a partir do Vat. II. Sem dúvida, a proclamação conciliar da Igreja Povo de Deus não pode jamais ser obnubilada sem acarretar prejuízos teológicos e pastorais. Demonstrar a relevância disso em modo mais pormenorizado será a tarefa da qual nos ocuparemos no próximo capítulo.

9 Para saber de outras realidades que foram alteradas substancialmente pelo último concílio, *cf.* BRIGHENTI, A. *Em que o Vaticano II mudou a Igreja*. São Paulo: Paulinas, 2016.

II

IGREJA POVO DE DEUS

Com base no que foi visto anteriormente, não é preciso muito esforço para perceber a relevância da definição da Igreja como "Povo de Deus" (PdD). Pois não se trata de um conceito eclesiológico simplesmente, mas de uma opção teológica que reflete uma consciência eclesial de extraordinário alcance para os tempos novos da Igreja. Em outras palavras, "a Eclesiologia do Vaticano II é preferentemente uma Eclesiologia do Povo de Deus, inserida no marco da História da Salvação" (ARRIETA, 1967, p. 333-334). Portanto, a História da Salvação comporta a eclesiologia de PdD, indicando a unidade e a continuidade da Igreja dentro do desígnio divino da salvação.

Soma-se a isso o fato desta consciência ser portadora de conteúdo histórico, bíblico e sociológico que muito contribuirá para o devido *"aggiornamento"* da Igreja. Obviamente, em nome disso, não podemos nos render a uma leitura parcial e exclusivista que descartaria tantas outras definições do que seja a Igreja. Aliás, quer se trate de imagens, quer sejam metáforas aplicadas à Igreja, elas jamais conseguirão expressar toda a sua realidade, e menos ainda exaurir seu mistério, que tem sua gênese no grande Mistério. Por essa razão, a LG começa tratando da Igreja a partir do mistério que a constitui. Daí a necessidade de recorrer-se sempre à complementaridade para evitar os desvios, não somente conceituais, mas propriamente de vivência eclesial.

Queremos desde já ressaltar que fazer referência à Igreja como PdD não é uma forma de realizar uma exaltação desse modelo eclesiológico em detrimento dos demais, mas de recuperar em breves linhas a atualidade e a pertinência deste conceito, obnubilado no período pós-conciliar (MILITELLO, 2003, p. 137-140). Em última instância, o desejo é de fazer emergir novamente aquela força motivadora oriunda das proposições do Concílio Vaticano II que provocou a Igreja a se reconfigurar em sua teologia, em seus ministérios e na qualidade de sua presença no meio social. É certo que não conseguiremos aprofundar exaustivamente todas as dimensões do tema, mas nos propomos tão somente a colocar em evidência a particularidade dessa definição da Igreja que goza de atualidade e pertinência, e mantém sua fidelidade ao propósito conciliar. É disso tudo que dependerá uma consistente teologia sobre a Igreja para o presente e o futuro.

1. O significado dos modelos eclesiais

Antes de abordar um específico modelo eclesial, acreditamos ser importante esclarecer o que evoca esse termo e qual o valor de sua utilização para nossa área de estudo. Pois é bastante comum e frequente se recorrer a ele quando o assunto é Igreja, mas geralmente sem a devida precisão e distinção que deve haver. Acresce-se a isso o fato de existirem outros conceitos que se aproximam ou não deste.

Primeiramente, o uso do termo "modelo" em eclesiologia reporta a um longo debate a respeito, devido a sua origem nas ciências exatas, tanto físicas como sociais. Mas ele se tornou recorrente na teologia a partir de uma obra que versa sobre eclesiologia (*cf.* DULLES, 1978). Desse modo, foi assumido tanto em seu valor heurístico (explica as características essenciais da Igreja em contextos novos e diante de fenômenos próprios de cada época), como enquanto visibilidade social na qual se encarna a consciência histórica da Igreja (DULLES, 1978, p. 21-24).

Assim, para tratar da Igreja em seu mistério, é necessário fazer uso de analogias que nascem da experiência. São essas que fornecem os "modelos". Esses, por sua vez são diferentes de "aspectos" porque não podem ser integrados numa única visão sintética. Por essa razão, deve-se considerar a diversidade de modelos.

Para esse mesmo escopo analítico, poder-se-ia fazer uso também da categoria de "paradigmas", sendo necessário reconhecer, porém, que não são capazes de resolver todas as questões em jogo (*cf.* KUNG, 1997). Além dessas categorias evocadas, outra possibilidade seria a de "processo", uma vez que este comporta os aspectos que são comuns, mas também as variações pontuais (PALÁCIO, 1982, p. 341). E, por fim, poder-se-ia ainda analisar a realidade eclesial sob a categoria de "cenários" que enfatizam sobretudo as dimensões "prospectivas" da Igreja (*cf.* LIBANIO, 2000).

Tudo isso nos indica que a consciência eclesial, isto é, a consciência que a Igreja tem de si mesma acontece na História e é limitada e condicionada pelo contexto dentro do qual ela se insere. O que deve ser evitado é a absolutização de uma específica forma como a única relacionada à origem divina e a condenação de todas as demais (C. BOFF, 1996, p. 125-149), como também deve-se abdicar de se querer definir *a priori* e de maneira definitiva a essência da Igreja (PALÁCIO, 1982, p. 342). Em cada época a Igreja tem de recriar sua identidade para se manter fiel à origem de seu mistério. Dessa maneira, embora nenhum "modelo" coincida integralmente com a essência teológica da Igreja, isso não significa ser impossível avaliar a maior ou menor correspondência do modelo com a essência daquilo que é a Igreja. Importa compreender que o modelo se fundamenta na estrutura histórica e não dogmática da Igreja (CIPOLINI, 2001, p. 836-839).

Em suma, o que importa é que, incontestavelmente, torna-se muito claro que há incidência do modelo eclesial sobre a ação pastoral (FLORISTÁN, 1984, p. 787-795). Portanto, isso demonstra que não é de tudo sem importância a discussão por um adequado e apropriado modelo eclesial. O que não exclui admitir que em alguns momentos históricos tenha havido ou haverá preponderância ou necessidade de um modelo mais do que de outro.

2. A eclesiologia do Povo de Deus

> Este povo messiânico tem por cabeça Cristo[...]. Tem por condição a dignidade e a liberdade dos filhos de Deus, em cujos corações habita o Espírito Santo como num templo. Sua lei é o mandamento novo de amar como o próprio Cristo nos amou. Sua meta é o Reino de Deus, iniciado pelo próprio Deus na terra, a ser estendido mais e mais até que no fim dos tempos seja consumado por Ele próprio. (LG 9b)

2.1 *A Gênese histórica de "Povo de Deus" (PdD)*

A primeira dificuldade que surge é qual termo seria mais apropriado quando nos referimos à Igreja entendida como Povo de Deus. Tratar-se-ia de um conceito, definição, imagem, símbolo, metáfora ou categoria teológica? Ora, o certo é que

> não se trata de uma definição no sentido clássico da palavra e menos ainda de uma destas estritas equações compostas de elementos filosóficos, jurídicos e dogmáticos tais quais daquela teologia sobre a Igreja produzida a partir do fim da Idade Média. (GROOTAERS, 1988, p. 98)

Portanto, a compreensão da Igreja como Povo de Deus tem claramente raízes bíblicas tanto no Antigo como no Novo

Testamento e na teologia patrística. Aliás, essa expressão foi de uso corrente no tempo do Cristianismo primitivo e na época dos Padres da Igreja. Mais precisamente, ela ressurgiu durante a renovação eclesiológica na véspera e depois da última guerra mundial (*Ibid.*, p. 98). No desenrolar da História, ela acabou ficando marginalizado da reflexão teológica em razão de uma série de fatores que hoje se mostram, todos, injustificáveis.

Todavia, quando se faz uma retrospectiva histórica notamos que, para falar do mistério da Igreja, os Padres da Igreja primitiva usavam símbolos e metáforas extraídos dos enunciados bíblicos, dada a natureza da qual ela é constituída. É dentro deste contexto que deve ser vista também a definição de Povo de Deus, sabendo de antemão que as diferentes imagens não se situam no mesmo nível. De acordo com o que já indicamos, fala-se muito de modelos eclesiológicos, visando ter, com isto, um instrumento mais eficaz para compreender a realidade eclesial, principalmente em épocas de grandes mudanças como a nossa.

Nesse sentido, há quem distinga uma variedade de imagens que são utilizadas na própria Escritura, ressaltando a razão de ser de cada uma delas, pois todas indicam algum aspecto do ser multifacetado e comunitário da Igreja. No entanto, quando se trata da Igreja entendida como Povo de Deus, nota-se que não se trata de uma imagem, mas de uma realidade. Pois a Igreja em sentido estrito não é nem um redil, nem um campo, nem uma esposa, nem um templo. Ela é verdadeiramente o Povo de Deus (LUNEAU, 1972, p. 20). Por isso G. Philips, que foi secretário da comissão teológica no Vat. II, faz notar uma particularidade quando se evoca a definição de PdD. Afirma ele que:

> na realidade, a denominação "Povo de Deus" não é aplicável à Igreja a modo de comparação, mas como expressão de seu próprio

> ser. Não se pode dizer: A Igreja é *semelhante* a um povo de Deus, como se diria: O Reino dos céus é semelhante a um grão de mostarda. É preciso dizer: a Igreja é o povo de Deus na Nova e eterna Aliança. Já não há figuras aqui, mas a plena e inteira realidade. (PHILIPS, 1968, p. 118)

De qualquer modo, o importante é observar que a designação da Igreja como novo Povo de Deus se mantém até o século IV, sendo preferida em lugar de qualquer outra. Sobretudo na liturgia era muito comum referir-se à Igreja como Povo de Deus (MILITELLO, 2003, p. 121-126). Contudo, a teologia medieval irá preterir essa definição da Igreja, optando pela de *congregatio fidelium*, ou comunidade dos que creem em Cristo, porque também Santo Tomás acentuou mais o aspecto espiritual e pessoal da Igreja (ST, III, q. 8a.2-4). Obviamente que não se pode deixar de reconhecer o notável alcance que goza também tal definição eclesiológica, pois ainda hodiernamente tem consequências positivas, sobretudo para o ecumenismo, e está de certo modo contida também na LG 9.

Contudo, na Idade Moderna prevalecerá a opção pelo aspecto institucional de visibilidade da Igreja, como reação às tendências espiritualistas dos católicos e às oposições anti-hierárquicas dos reformadores. Porém, é interessante notar que até mesmo o Catecismo Romano (Trento definia a Igreja, citando uma frase de Agostinho, como o povo de fiéis espalhado sobre a terra – Cat. Romano, cap. X,2), justapõe esta imagem da Igreja junto a outras mais, obviamente sem dar-lhe destaque (*cf.* RATZINGER, 1971). Posteriormente, a preferência e a difusão feita pelos teólogos católicos da categoria eclesiológica de "Sociedade Perfeita" e de "Corpo Místico" causou um verdadeiro eclipse sobre a de Povo de Deus que não emergirá nem no Concílio Vaticano I. Aliás, neste, por força das categorias filosófico-jurídicas seria muito improvável haver espaço para uma definição como essa (ANTÓN, 1987, p. 676-681).

Torna-se assim evidente que existiu uma trajetória histórica na qual se forjou esta definição eclesiológica, mas nos limitaremos a enfocar somente os principais acontecimentos que influíram decisivamente para que esta definição chegasse até ao Concílio Vaticano II. Pois, a aproximação às suas fontes de inspiração e ao contexto em que surgiu faz ver muito de seu alcance e de sua consistência enquanto expressão concisa de eclesiologia bíblica. Deste modo, devemos considerar primeiramente que houve um "movimento" renovador da eclesiologia católica a partir de 1920. E muitos foram os teólogos que tentaram responder às expectativas e insatisfações no campo eclesiológico através de um conceito mais autêntico de Igreja, que fomentasse também uma experiência comunitária de fé, superando com isso a visão apologética da eclesiologia do Vat. I. Contudo, muito ainda não passava de boas intuições ou alguns enfoques que tocavam tangencialmente no conceito de Igreja como Povo de Deus. De fato, o mérito destes teólogos foi o de reagir diante da insatisfação existente, contribuindo com seus escritos para o desenvolvimento gradativo de uma autêntica teologia da Igreja como Povo de Deus, apesar das imperfeições e unilateralidades que podiam existir em suas abordagens.

A obra de A. Vonier, *The people of God*, publicada em 1937, foi a primeira a traçar propriamente uma teologia da Igreja diretamente baseada na imagem de Povo de Deus. Apesar dos limites que apresenta, ao menos o autor foi capaz de enfocar o tema sob o prisma da história da salvação. E dentre tantos outros não se pode deixar de mencionar também Yves Congar que terá uma importância preponderante na impostação da eclesiologia do Povo de Deus no Concílio Vaticano II. Pois, através das suas duas obras: *Chrétiens désunis* (Paris, 1937) e *Esquisses du mystère de l'Église* (Paris, 1941), apresentou uma contribuição decisiva neste desenvolvimento histórico que estamos tratando. Neste sentido é imprescindível uma referência à singular contribuição de Henri De Lubac com sua obra *Catholicisme. Les aspectes sociaux du dogme* (Paris, 1938) no processo de renovação da eclesiologia, pois, de acordo com o próprio título mencionado, o autor elabora uma teologia dos aspectos sociais e históricos do Cristianismo fazendo explícitas referências ao conceito de Povo de Deus.

Com motivação advinda deste contexto que descrevemos, somada a uma reação à monopolização da noção de Corpo de Cristo, além da necessidade de uma nova impostação na evangelização requerida pelos novos tempos (sobretudo de guerra que causava tantas perplexidades, além de dar origem ao secularismo que divorciava a Igreja da sociedade), fez com que no quinquênio (1937-1943) começasse a existir uma acolhida da noção de PdD tanto no seio da eclesiologia católica como da protestante. Aliás, havia uma grande sensibilidade no meio protestante ao tema de PdD. Justamente porque esta conseguia realizar o resgate da dimensão histórica da salvação evitando o risco de uma fé desencarnada. Logicamente, não se pode deixar de atribuir em meio a todo este empenho humano a ação do Espírito que move sempre em direção a atitudes renovadoras a sua Igreja.

Mas conforme já indicamos, a soberania no modo de conceber a Igreja, neste caso como Sociedade Perfeita ou como Corpo de Cristo, impôs uma ação de confronto para fazer valer aquela de Povo de Deus. Não estavam em jogo apenas um conjunto de teorias, mas sobretudo uma autocompreensão da Igreja que se desdobraria em ações novas, ou não, na sua evangelização. Por isso acenamos para algumas situações que refletem esse esforço em fazer valer a eclesiologia a partir da noção de PdD.

Entre aqueles que se empenharam para aprofundar e indicar o alcance da noção de PdD em contraste à de Corpo de Cristo, destaca-se Lucien Cerfaux com a sua obra *La théologie d'Église suivant saint Paul,* publicada em 1942, em Paris. A tese principal é de que a eclesiologia de Paulo é construída a partir do conceito de Povo de Deus. Segundo o autor, quando se lê São Paulo é preciso considerar que: a) os cristãos são o PdD em continuidade a Israel; b) eles são também o povo novo, o *tertium genus*, uma raça de homens que não são mais nem judeus, nem gentios, mas simples e unicamente cristãos; c) o povo novo possui a partir de então os privilégios do povo antigo (CERFAUX, 1948, p. 38-48).

Nesse sentido, temos de reconhecer também a importante contribuição da escola de Tübingen e de um dos seus grandes expoentes, citado no capítulo anterior, J.A. Möhler. Sem ele não se pode pensar a eclesiologia renovada do século XIX e XX. No entanto, ao conceber a Igreja como continuação da encarnação do *Logos* na história da humanidade, ele fazia prevalecer o aspecto corporativo católico eclesial que era detalhadamente articulado em contraste com as outras comunidades cristãs, ou seja, o espaço para um posicionamento eclesiológico ecumênico era limitado (WERBICK, 1998, p. 54).

Mesmo não sendo expressão exata daquilo que será depois a *Lumen gentium*, o pensamento dele não deixa de apresentar aspectos que incidem numa visão inovadora sobre a Igreja. Porque

> para os pensadores da escola de Tübingen, o mistério da Igreja é antes de tudo uma realidade vivida, uma experiência da vida sobrenatural que toma sua fonte do Espírito que é dado aos simples

> fiéis [...]. Para J.A. Möhler tratava-se de reconstruir uma nova interpretação da Igreja a partir da ideologia romântica na qual a noção de *Volksgeist* (espírito do povo) era por toda parte fonte de inspiração. Com isso iria se construir uma concepção de Igreja diametralmente oposta à antiga concepção de "sociedade desigual". (GROOTAERS, 1988, p. 103-104)

Assim, a partir da noção de PdD, em vez da de Corpo de Cristo, se poderia fundar cientificamente uma teologia da Igreja (CONGAR, 1963, p. 22). Além disso, muitas foram as instâncias que afirmavam a pertinência da noção de PdD, promovendo estudos e pesquisas, sobretudo bíblicas. Nesse sentido, é inquestionável a notável influência que provém das faculdades e escolas de Jerusalém, de Louvain, de Innsbruck, de Le Saulchoir, de Lyon-Fourvière, e a da já mencionada Tübingen (COMBLIN, 1970, p. 479).

E paulatinamente vai fortalecendo-se uma reflexão mais elaborada em torno da eclesiologia de Povo de Deus.

> Às vésperas da guerra mundial, dois autores alemães propõem colocar a ideia de Povo de Deus no centro da reflexão teológica referente à Igreja: o jesuíta L. Kosters (1938) e o dominicano M. D. Koster (1940). É a obra deste último que desperta a atenção geral: o autor critica de maneira mordaz a definição da Igreja como Corpo místico, propondo substituí-la pela de PdD. Somente essa última noção dá uma definição verdadeira e exata da Igreja, enquanto as outras descrições não são mais que imagens. (GROOTAERS, 1988, p. 106)

Por outro lado, a insistência desta definição da Igreja como Povo de Deus vem em grande parte da pesquisa e das discussões da conferência episcopal alemã (MŒLLER, 1965, p. 166).

Portanto, em se tratando de considerar apenas o aspecto interno da vida da Igreja, temos de, necessariamente, reconhecer também fatores importantes como aquele representado pela renovação litúrgica, em 1909, o movimento ecumênico, em 1925, a redescoberta da Bíblia como fundamento da teologia da Igreja e a atualização da missão. Esta última sobretudo foi decisiva para a Igreja, pois o mundo estava completamente transformado e carente de maior unidade. Será durante o Concílio Vaticano II que, de certo modo, todas essas ideias emergirão com força criativa e provocativa. Assim, a Igreja percebia-se interpelada a responder a si mesma e ao mundo a natureza de sua missão, e para isso deveria precisar teologicamente o seu significado dentro da História (MŒLLER, 1965, p. 155).

Deste modo, com estes breves acenos históricos é facilmente notável o esforço dos estudiosos em dar os argumentos da pertinência da Igreja entendida como PdD que não constitui novidade inédita, se consideramos a história da Igreja na sua integralidade. Obviamente, torna-se claro que existiram momentos históricos de muitos contrastes, havendo sérias disputas e imposições exclusivistas, tanto de um lado como de outro em relação à validade das concepções eclesiológicas. Porém, tudo isso deve ser entendido pelo próprio contexto, pois quando se quer garantir um outro aspecto da verdade, numa primeira fase faz-se necessário radicalizar. Indubitavelmente, não podemos julgar aquele período com os critérios que temos hoje. Mesmo porque a homogeneidade e a ditadura da noção de Igreja como Corpo de Cristo e a ideia de visibilidade eclesial obrigavam a tal procedimento, caso se quisesse apresentar a alternativa eclesiológica de PdD. Contudo, passaremos à etapa seguinte na qual reflete-se em parte esta situação que descrevemos, mas que apresenta também indícios de um período de maior "conciliação".

2.2 *A tessitura de "Povo de Deus" no Concílio Vaticano II*

Conforme já acenamos, anteriormente à etapa do Concílio existe todo um universo teológico elaborado que serviu e serve de referência e de orientação para a prática milenar da Igreja. E isso não é (e nem pode ser) superado instantaneamente com o Concílio. Ao contrário, para que ocorra uma ruptura na forma como a Igreja se concebia e consequentemente agia, impõe-se um processo lento e por demais laborioso. Mas, resumidamente, pode-se considerar que o Vat. II colocou fim a uma fase teológica marcadamente apologética que retornava à metodologia de Melchior Cano (COMBLIN, 1970, p. 479-480).

Assim, o Concílio Vaticano II se situa neste contexto de urgentes transformações que eram inadiáveis para que a Igreja pudesse continuar cumprindo a sua missão. O Papa João XXIII desejava ardentemente que a Igreja realizasse um *aggiornamento*. Em italiano esta palavra significa "atualização". Embora ela não apareça posteriormente nos textos conciliares senão em formas análogas, foi utilizada pelo Papa e revela a pretensão que ele nutria para o futuro eclesial. Portanto, tratava-se de um programa para o Concílio segundo o desejo do Papa, isto é, o de pôr em dia ou de adequar a Igreja às novas demandas do mundo moderno (*cf.* ALBERIGO; BEOZZO, 1995).

Assim, em 25 de janeiro de 1959, na Basílica de São Paulo, fora dos muros era feito o anúncio deste acontecimento que marcaria novos rumos para toda a Igreja. A fase antepreparatória consistiu de uma sondagem ao mundo católico, através dos bispos. Foram enviados 2.594 questionários, dos quais se obteve 2.150 respostas.

A partir das respostas recebidas, institui-se uma comissão tendo como presidente o secretário de Estado, D. Tardini.

O passo seguinte à convocação e à consulta visava delinear o campo das mudanças a partir de propostas bem elaboradas que respondessem aos anseios já conhecidos. Assim, a Comissão presidida pelo cardeal Ottaviani, com base naquela pauta, redigiu um esboço em 13 pontos. E em 27 de outubro de 1960, a comissão teológica fez que fossem constituídas várias subcomissões internas, entre as quais havia uma responsável por elaborar um esquema de constituição sobre a Igreja, baseando-se no esboço com os 13 pontos citados acima. Contudo, esta instância tinha a liberdade para fazer as emendas que julgasse necessárias. Porém, deveria ter-se presente que não se tratava de elaborar tratados científicos, mas somente de apontar as necessidades que a Igreja tinha. Não deveria haver condenação aos erros individuais que não fossem perigosos para a fé, que se evitassem repetições de definições já dadas e que não se introduzissem questões discutíveis ou ainda imaturas (BETTI, 1965, p. 136-137).

Assim, estava delineado o caminho a ser seguido por esta subcomissão, que depois deveria apresentar o resultado de seus trabalhos para a comissão teológica plenária, a qual o passaria para julgamento e aprovação da comissão preparatória central presidida pelo representante do Papa, o cardeal decano E. Tisserant.

Quando esta subcomissão intitulada *De Ecclesia* começa seus trabalhos, estavam previstos 14 capítulos. Mas no decorrer de suas atividades houve muitas mudanças, correções etc. (que, segundo o objetivo deste livro, não serão descritas em todos os detalhes). Contudo, em novembro de 1962, com o Concílio já iniciado, estava impresso o esquema sobre a Igreja, que continha em um grande fascículo os 11 capítulos, em 123 páginas com notas explicativas.

O Concílio Vaticano II começou em 11 de outubro de 1962, e o esquema sobre a Igreja foi distribuído aos padres em 23 de novembro de 1962. Contudo, o clima não era nem muito receptivo nem favorável, pois não havia muita consonância entre aquilo presente no esquema com o discurso de abertura do Papa. Ele convidava os padres a enunciar a doutrina certa e imutável numa linguagem nova, segundo as exigências de nosso tempo. Somado a isso, havia um outro dado que contribuía para o clima de tensão: circulavam outros esquemas, dentro e fora da aula conciliar. De tal modo que o julgamento final foi de que restava como melhor alternativa fazer uma nova elaboração, dada a insuficiência daquela primeira.

Assim, na retomada dos trabalhos foram levados em conta os princípios sugeridos na primeira discussão conciliar e as propostas concretas dos Padres conciliares que tiveram um tempo hábil para esse fim. Do que se podia colher como pedido comum:

> a diminuição, senão da amplitude do Esquema, ao menos do número dos seus capítulos, de modo que a exposição da doutrina fosse concentrada sobre os seguintes pontos: natureza e propriedades da Igreja; a sagrada hierarquia, com especial referência ao episcopado; a posição eclesial dos leigos; o significado eclesiológico dos estados de perfeição. (BETTI, 1965, p. 141)

Então, a comissão doutrinal criou uma nova subcomissão para levar adiante as sugestões. Sem entrar em tantos detalhes dos desdobramentos históricos, importa somente acenar para a sugestão do presidente da comissão de coordenação de que a Comissão aproveitasse o velho esquema, fazendo algumas modificações. Este primeiro esquema preparado pela comissão preparatória se intitulava *Aeternus unigeniti Pater* e mantinha-se na linha de Roberto Belarmino e do magistério dos tempos passados. A imagem de Igreja que se depreendia dele era de sociedade perfeita, enfatizando a estrutura hierárquica da mesma. Esses foram os principais motivos que causaram a sua rejeição (O'DONNELL, 2001, p. 666).

Ao contrário, esta Comissão decide tomar como base de seu trabalho um dos novos esquemas que circulavam no início do Concílio; era reconhecido como de origem belga e se articulava em quatro capítulos: um sobre o mistério da Igreja, outro sobre a hierarquia, em particular sobre o episcopado; outro sobre leigos e outro sobre os estados de perfeição.

Em suma, quando o supracitado esquema foi submetido à comissão de coordenação, recebeu aprovação e uma proposta: que o capítulo 3, que tratava do Povo de Deus e sobretudo dos leigos, fosse dividido em dois capítulos, dos quais o primeiro seria reservado ao Povo de Deus em geral e o outro, aos leigos em particular. Consequentemente, o esquema passaria a ter cinco capítulos em vez de quatro. Contudo, esta era somente uma proposta a ser enviada ao Concílio.

De modo que os padres receberam dois distintos fascículos contendo respectivamente os primeiros dois capítulos e depois o terceiro e quarto. Havia uma introdução precedente aos quatro capítulos que afirmava:

> com as palavras iniciais "*lumen gentium*", dá ao Esquema a sua denominação e lhe anuncia as finalidades: descrever a Igreja como a projeção de Cristo, cuja luz brilha sobre o mundo para iluminação perene de todos os homens. (BETTI, 1965, p. 142)

Não deixa de ser significativa a observação de que

> duas importantes decisões desde o início dos trabalhos determinaram a força renovadora do que seria a *Lumen gentium*. A primeira refere-se ao método teológico. Tomando distância em relação à maneira de proceder dos manuais clássicos, o grupo redacional optou por uma teologia que verificava com grande cuidado as afirmações simbólicas da Escritura. Pois o caráter próprio da Igreja não pode ser inserido em uma só noção nem em uma só imagem: uma definição da Igreja tem necessidade de ser complementada por muitas outras [...]. A segunda grande decisão do concílio que renovou a orientação do texto mas também do Vaticano II no seu conjunto refere-se à ordem dos capítulos. (GROOTAERS, 1988, p. 109)

Com a morte do Papa João XXIII em 3 de junho de 1963, a retomada dos trabalhos conciliares foi adiada. E a eleição de Paulo VI em 21 de junho provocou mudanças significativas no regulamento do Concílio. Entre elas, a instituição de quatro delegados ou moderadores que, por sua vez, tinham acesso aos trabalhos conciliares. E quando se recomeçam os trabalhos, o esquema sobre a Igreja, segundo a secretaria geral, teria prioridade, pois julgavam ser este o tema central do Concílio.

Assim, em 30 de setembro de 1963, depois de os padres conciliares já terem tido acesso ao esquema e terem feitos apreciações por escrito, o mesmo foi finalmente apresentado ao Concílio. Depois da apresentação do documento, feita pelos cardeais Ottaviani e Browne, seguiram-se as discussões até 31 de outubro, sendo primeiramente analisado o esquema em geral (com votações). Em seguida, fez-se o exame dos capítulos em particular.

Quanto ao conjunto do esquema sobre a Igreja, emergiram estes pontos:

> a Igreja é descrita de modo demasiado estático e idealista, e não é dado o justo lugar ao seu aspecto dinâmico, à sua dimensão histórica, à transfiguração escatológica que a aguarda; não raramente, as citações bíblicas, mais do que sugerir e condicionar a doutrina exposta, servem para sufragar aquilo que a todo instante se quer afirmar; os vários pontos essenciais carecem de precisa qualificação teológica, e por isto não aparece claramente o valor doutrinal deles. (BETTI, 1965, p. 144)

Por outro lado, existem também as aprovações que superam estas críticas apresentadas. Assim,

> é louvado o esforço para apresentar a doutrina com linguagem bíblica e em forma positiva, de modo que a Igreja se faz apreciar pelo que é antes que pela sua oposição às concepções que dela outros têm; outro mérito é haver ela posto em claro aspectos doutrinais que no passado foram quase esquecidos, ou mesmo aviltados, e como que cobertos pelo estado de controvérsia, como: a teologia do laicato, a sacramentalidade do episcopado, a função insubstituível dos bispos em relação às Igrejas particulares e à Igreja universal. Em suma, o Esquema responde substancialmente ao progresso verificado depois do Concílio Vaticano I, assume seus resultados, orienta seus ulteriores desenvolvimentos. Este juízo, em conjunto positivo, foi ratificado pelos padres em 1º. de outubro com votação quase unânime. (*Ibid.*, p. 145)

Diante disso a votação do dia 1º. de outubro obteve o seguinte resultado: dos 2.301 votantes, 2.231 votaram *placet* para que se admitisse este esquema e se passasse para a análise dos capítulos em particular; enquanto 43 votaram *non placet*, e 27 votaram nulo.

Foram ricas as apreciações feitas a cada capítulo. Desta maneira, sem deixar de considerar que a compreensão mais fiel advém da visão de conjunto, por razões de objetividade na compreensão do tema que estamos abordando, vamos nos deter aqui somente às observações feitas ao capítulo que trata do Povo de Deus, seja quanto às revisões feitas como às sugestões apresentadas.

O texto que ainda estava no esquema era o capítulo 3, que tratava a respeito do Povo de Deus e dos leigos, discutido de 16 a 25 de outubro. E, mesmo gozando de uma aprovação em geral, os padres fizeram algumas observações ao texto. Constatava-se que, de certo modo, havia um triunfalismo da figura dos leigos e faltava também maior clareza a respeito do sacerdócio comum e aquilo que o distingue do sacerdócio ministerial. Dever-se-ia também enfatizar a dependência dos leigos à hierarquia, e se requisitava a divisão do capítulo em duas partes distintas que tratassem sobre o Povo de Deus, primeiramente, e somente depois, dos leigos. Isto estava em sintonia com o parecer da Comissão de Coordenação e da Comissão de doutrina.

Nesse sentido, é sumamente significativo notar que:

> Este capítulo deve a sua origem à proposta de Suenens de fazer preceder os capítulos dos vários grupos existentes no interno da Igreja de um capítulo sobre o Povo de Deus considerado em sua complexidade [...] explicava-se que o novo capítulo continuava a tratar da natureza profunda, do mistério, da Igreja [...] um capítulo separado oferecia, além disso, a vantagem de evidenciar como hierarquia e fiéis constituem um único povo, cujo caráter essencial podia ser delineado antes que o esquema examinasse as várias diferenciações ao interno deste último. (KOMONCHAK, 1999, p. 65-66)

Depois das observações, cabia à comissão doutrinal (que recebera cinco novos membros), fazer a devida reelaboração. Esta comissão, para agilizar seus trabalhos, subdividiu-se em vários grupos de estudo. Exceto um (que deveria coordenar os trabalhos), tinham o encargo de revisar as partes do esquema considerando todas as apreciações feitas pelos padres conciliares.

À segunda subcomissão, à qual coube revisar o capítulo sobre o Povo de Deus, deve-se o árduo mérito de readaptar textos, retirando-os dos antigos capítulos 1e 3 (que falava da Igreja como mistério e dos leigos) e de acrescentar dois números novos: sobre a universalidade do único povo de Deus e sobre a índole missionária da Igreja, enquanto a sexta subcomissão desenvolveu a revisão do antigo capítulo sobre o Povo de Deus que se tornará um capítulo dedicado somente aos leigos. Assim, foram-lhe acrescentados dois novos números sobre a participação dos leigos no sacerdócio universal e no ofício profético de Cristo. Finalmente, em julho de 1964, depois de aprovado pela comissão de coordenação, o texto era enviado aos padres conciliares com as devidas revisões e emendas.

Na terceira etapa do Concílio, a discussão deste esquema sobre a Igreja ainda ocupava proeminência; ainda se tinha muito a fazer. Pois deveriam ser discutidos ainda os dois últimos capítulos, e todos deveriam se submeter às votações. Aqui fazemos menção somente ao capítulo 2, referente ao Povo de Deus, que foi votado em 17 de setembro e que obteve o seguinte resultado: dos 2.190 votantes, responderam *placet* 1.615; 19 responderam *non placet*; 553 *placet iuxta modum* (ou seja, requerendo ulteriores retoques) e houve três votos nulos. Assim, considerando-se esta indicação de emendas que os padres exigiam, os textos foram submetidos a novas revisões que não os alterassem substancialmente, pois, uma vez que os textos foram aprovados por mais da metade dos padres, era de se considerar validamente aprovado. Por não atingir um terço dos votantes, não havia a obrigação de modificação no texto, porém a Comissão acatou a ideia de fazer 24 correções. Entre estas, existem quatro de maior importância que se referem a: a) prática de fé dos protestantes (n. 15); b) o "martírio" dos não católicos (n. 15); c) o que se dizia dos muçulmanos (n. 16); d) o caráter missionário explícito da Igreja (n. 17) (KLOPPENBURG, 1965, p. 220-221; 242-243).

Desse modo, o capítulo 2 sofreu 24 emendas e, submetido a votação, manteve os 19 *non placet*. Mas, enfim, depois da votação de cada capítulo, passou-se à votação do esquema completo. De tal forma que, em 19 de novembro de 1964, tinha-se o seguinte resultado: de 2.145 votantes, responderam *placet* 2.134; *non placet* dez e houve somente um voto nulo.

Assim, em 21 de novembro de 1964, depois de uma trajetória laboriosa e desafiante, o texto sobre a Igreja recebia a promulgação como constituição dogmática *Lumen gentium*. Obteve nesta última votação de aprovação conciliar o seguinte resultado: 2.151 *placet*, contra 5 *non placet*. Isto tornava então a constituição dogmática documento do supremo magistério de toda a Igreja docente!

A estrutura definitiva da LG ficou assim definida, em capítulos: 1. "O mistério da Igreja": mostra como se revela, na Igreja, o plano divino, eterno e trinitário da salvação. 2. "O Povo de Deus": trata da Igreja em seu conjunto, sem fazer distinções de função ou estado, e da comunidade que vive na História. 3. Hierarquia da Igreja: tendo um amplo tratamento sobre o colégio episcopal (os bispos, sacerdotes e diáconos em particular).

4. "Os leigos": destacando a sua vocação específica e sua participação no sacerdócio de Cristo. 5. "Chamado universal à santidade". 6. "Os religiosos na Igreja". 7. "Dimensão escatológica da Igreja". 8. "A Santíssima Virgem Maria", Mãe de Deus, no mistério de Cristo e da Igreja: desenvolvendo a relação de Maria com Cristo e com a Igreja.

Como se pode observar, existe uma certa unidade entre os capítulos. Esta disposição representa em si mesma a grande inversão que houve sobre o modo de a Igreja compreender-se a si mesma. Pois inserir o capítulo sobre o Povo de Deus logo depois da definição da Igreja como mistério, e antes do capítulo sobre a hierarquia, é muito significativo.

Portanto, após termos brevemente delineado o processo histórico-conceitual de PdD e indicado a sua importância que culmina na votação conciliar, faz-se mister pontuar um pouco mais os aspectos teológicos que lhe são inerentes e que emergem durante o Vat. II. Sendo assim, tentaremos evidenciar apenas os principais, pois são frutos de reflexões pertinentes que revelam as motivações de fundo presentes nas deliberações seguidas posteriormente.

Por exemplo: no que concerne ao lugar dos leigos (se antes ou depois da hierarquia), podemos deduzir as tendências conflitantes existentes a partir do que aparece no comunicado impresso, pontuando o seguinte:

> "Alguns pediram que o Concílio precisasse a posição dos fiéis na Igreja, como Povo de Deus, à disposição de quem a hierarquia deve colocar os meios de salvação". O cardeal Frings foi mais longe ainda: "Teria sido necessário partir do Povo de Deus em marcha e evitar uma interpretação por demais estreita do Corpo Místico": pelo fato mesmo, afasta o tema de uma colisão, assaz frequente, que o contrapunha à hierarquia, quando o Povo de Deus abrange

> *todos os batizados*, pastores e leigos; só depois desse esclarecimento essencial do sentido, poderia o tema figurar em um capítulo à parte, antes da hierarquia. (MŒLLER, 1965, p.169)

Na continuidade das reflexões sobre a importância da presença e da missão específica dos leigos na vida da Igreja, encontramos um depoimento singular do cardeal Spellmann:

> O laicato organizado e dirigido pela hierarquia deverá ter, de ora em diante, seu lugar num tratado sobre a Igreja [...]. Os leigos deixaram de ser passivos. Exercem eles seu sacerdócio na Igreja, ainda que até o presente não lhes tenha sido reconhecida nenhuma posição oficial ou canônica. (MŒLLER, 1965, p. 169)

Malgrado as muitas resistências enfrentadas, sobretudo de canonistas que se recusavam a entender a Igreja como povo de Deus, este conceito bíblico acabou sendo assumido pelo Concílio. Entre as razões que levaram a isso está aquela de fidelidade às fontes da teologia. Também porque este capítulo mantinha um nexo com o primeiro sobre o mistério da Igreja. Além disso era uma reação para fazer desaparecer os traços de clericalismo que perduraram por muito tempo no seio da Igreja, obviamente sem deixar de reconhecer a missão específica da hierarquia. Contudo, queria na verdade ressaltar a ideia mais relevante e primordial, isto é, que todos pertencem a um único e mesmo povo de Deus. Que a Igreja realiza a sua missão dentro da História e que para isso conta com uma variedade de ministérios. Por isso, evoca-se a ideia de uma Igreja servidora. Enfim, tem o mérito de ver a Igreja não mais como uma pirâmide clerical e de ajudar a entender um pouco mais o sacerdócio universal.

Provavelmente, a razão principal que fez haver menor resistência ao conceito de PdD no Vat. II, se comparada ao de Corpo

Místico durante o concílio anterior (conceito que era acusado de ser uma metáfora que não podia definir, ao invés, negava a visibilidade da Igreja e ameaçava o aspecto societário de Igreja), deve-se ao fato de que os teólogos se serviram de uma linguagem da Bíblia, dos padres e da liturgia, e isso teve acolhida pela maioria – ao ponto de outros documentos conciliares assumirem essa definição de PdD (MILITELLO, 2003, p. 133-137). Obviamente, não se pode colocar na penumbra aquele que realizou a grande recuperação desse patrimônio patrístico para a eclesiologia conciliar (DE LUBAC, 1938). No entanto, o cardeal J. Ratzinger outrossim contribuiu para o resgate da noção eclesiológica nos escritos patrísticos, especialmente dos padres da Igreja africana. Embora ele pondere que a LG possui os elementos eclesiológicos fundamentais, mas que carece de haver uma relação mais íntima entre PdD e Corpo de Cristo a fim de evitar que prevaleça a concepção sociológica à cristológica (RATZINGER, 1971, p. 10-25).

Por fim, a visão da Igreja como sacramento garantia a visibilidade da mesma, de modo equilibrado e eclesial, sem aquele juridicismo de sociedade. Somavam-se a isso as contribuições de renovação das diversas áreas de estudo da Teologia, conforme já apontamos. Em suma, tinha-se a impressão de que a própria comunidade eclesial se reconhecia mais no conceito PdD, que não se caracteriza primariamente pela dimensão institucional, mas de história salvífica.

2.3 *Um balanço do PdD e algumas das críticas acerca desta definição*

Temos de considerar que todas as intenções que haviam animado a comissão conciliar para fazer da definição PdD um capítulo novo e autônomo não puderam, segundo Congar, ser plenamente realizadas no texto promulgado, pois todas as implicações da redescoberta do conceito bíblico de PdD não foram expressas na versão final da Constituição. Segundo ele, o Concílio, através desta constituição dogmática sobre a Igreja, conseguiu absorver só parcialmente aquilo que foi recuperado por setores da eclesiologia (CONGAR, 1965, p. 8-26).

Talvez por conta disso não se podem rechaçar completamente algumas críticas fundamentadas, que foram feitas e que ainda se faz. Por exemplo, estamos de acordo que o Vat. II trata expressa e amplamente da participação de todos os membros do Povo de Deus, no ofício sacerdotal e profético de Jesus Cristo. Porém, com bem menos ênfase trata da participação dos leigos no ofício real (de governo). Basta conferir, por exemplo, LG 10-12 e AA 2,10 (WERBICK, 1998, p. 174). Contudo, existem também muitas posições que têm um fundo notadamente ideológico. Assim, passaremos a apresentar alguma dessas observações feitas, para em seguida tecer as nossas devidas considerações, pois muitas dessas críticas perduram hodiernamente como argumento para refutar a eclesiologia de PdD.

Principiamos pelo maniqueísmo de alguns autores que argumentam que a Igreja enquanto conjunto dos cristãos fracos e pecadores é o Povo de Deus, e que a Igreja enquanto realidade unida a Cristo pela ligação da Nova Aliança é Corpo de Cristo. Tão inadmissível quanto aquela posição é esta, de que se deve conceber que a história é própria do PdD e o crescimento próprio do Corpo de Cristo. E revela-se ainda mais uma visão reducionista pensar que o Concílio faz uso do PdD para afirmar a atividade missionária da Igreja, para descrever a sua vida litúrgica, da qual o povo é sujeito, e situar o sentido dos ministérios dos padres. O limite de visão pode chegar aos extremos quando se afirma que o tema do Povo de Deus seria de uma eclesiologia de tipo protestante, o de Corpo de Cristo seria de uma teologia de tipo católica, enquanto o de templo do Espírito Santo seria própria dos movimentos pentecostais. Implícita ou explicitamente, tais ideias aparecem na obra *L'Église, peuple des croyants, corps du christ, temple de l'esprit* (*cf.* NEWBIGIN, 1958).

Na direção de posições desse gênero está A. Luneau, para quem a definição da Igreja como Povo de Deus comporta alguns limites e perigos: expressa mais a dimensão humana e histórica e não o mistério; ela deixa na sombra o que o Novo Testamento oferece de específico sobretudo o impacto de Jesus sobre o mundo; esta mesma expressão já foi utilizada no passado e depois caiu em desuso por não ter suficiente significância; a palavra povo pertence ao domínio político e faz ver a Igreja como lugar exclusivamente de disputa pelo poder, deixando em segundo plano o aspecto teologal da mesma; o conceito torna a Igreja uma democracia como outra qualquer na qual predominam as vontades humanas, faz perder a centralidade do Evangelho em sua vida e nega sua origem no querer de Deus; por último o sucesso do conceito se deve à carga afetiva que traz, sem alterar substancialmente nada. Enfim, Luneau afirma que na *Lumen gentium* o termo "Igreja" aparece 192 vezes, enquanto "Povo de Deus", 33 vezes. Isso revela que o Concílio preferiu aquela definição que está mais ligada ao mistério (LUNEAU, 1972, p. 20-23).

Uma posição muito mais sensata e distinta se pode colher da reflexão do grande eclesiólogo Congar, que foi também membro da subcomissão que elaborou o capítulo sobre o PdD. Segundo ele, ao se definir a Igreja, é necessário ir além da noção de Povo de Deus e completá-la com uma outra que exprima o que a Igreja comporta de novo em relação a Israel, com o qual o Povo de

Deus se coloca em continuidade, ou seja, remete para a definição de Igreja como Corpo de Cristo (CONGAR, 1965, p. 25-26). Além disso, escreve que: "Longe de excluir aquela de Corpo místico, ela a chamava como seu complemento, pois sob a Nova Aliança, o Povo de Deus se realiza segundo uma relação de identidade mística (não física!) com Jesus Cristo" (CONGAR, 1970, p. 468). Mas não podemos deixar de mencionar, entretanto, que ele mesmo afirma também que: "Como categoria eclesiológica, 'Povo de Deus' presta os mesmos serviços que 'Sociedade', tendo, porém, uma aparência menos jurídica" (CONGAR, 1963, p. 25).

Mas não faltaram aqueles que expressam que o emprego exclusivo de PdD poderia conduzir a Igreja a uma perspectiva política, tornando-se um lugar onde tendências se confrontariam para a tomada do poder numa luta de classes e onde o povo cristão delegaria poderes a mandatários. Haveria assim o risco de assumir uma transferência de poder a partir do modelo de conflitos políticos, e como uma evolução na direção a uma democracia de tipo político. Enfim, o perigo está em intensificar uma disputa pelo poder contra a hierarquia eclesiástica. E como desfecho retórico de tudo isso conclui Coffy afirmando, que afinal, "para a Bíblia, na expressão 'Povo de Deus', a determinação que indica a pertença ao Senhor é mais importante que o substantivo 'povo'" (COFFY, 1984, p. 183).

> Na sequência, a partir de uma perspectiva política, existem os que interpretam que o uso do conceito foi por conveniência aos regimes democráticos que estavam surgindo por quase toda parte, depois de vencidas as ditaduras. A Igreja também não quis ficar indiferente a isso, e propunha essa terminologia, que tinha uma conotação mais democrática que outras.

Uma outra crítica seria a de que o texto da LG, no seu todo, deixou de desenvolver uma antropologia cristã, isto é, uma imagem do ser humano cristão. Ainda que falando da importância de todos serem membros iguais da Igreja, como um único povo, tendo a diversidade apenas de funções, não aprofundou o ser humano enquanto membro particular. Seguindo nesta direção de pensamento, há quem julgue que "o termo adquire um lugar proeminente através do seu significado bíblico, mas é usado também no sentido limitado de 'um grupo de pessoas'" (RIKHOF, 1981, p. 973).

Por fim, em razão dessas e outras críticas, existem várias tentativas de atualizar as proposições e orientações que definiram a posição eclesiológica do Vat. II. Sabe-se, por exemplo, que as conferências episcopais da América Latina, Medellín (1968) e Puebla (1979), caracterizaram-se por este esforço de aplicação das conclusões conciliares às suas próprias realidades. Daí então a posição de querer avançar para além do modelo eclesiológico proposto pelo Vat. II (CODINA, 1983, p. 55-82).

E poderíamos continuar com uma lista infindável de posições que contrastam com a eclesiologia do PdD, que teve no Concílio o seu coroamento. Porém, acreditamos que sejam suficientes as indicações apresentadas em vista do que propomos a seguir.

3 Significado e atualidade da definição eclesiológica de "Povo de Deus"

Tendo presente os elementos anteriormente expostos, avançamos na direção daquilo que consideramos ser o núcleo de nosso argumento nesse capítulo, ou seja, de indicar que, para além de todas as críticas que possam existir, continua válido o conceito eclesiológico de PdD para os nossos tempos atuais

(HÄRING, 1996, p. 255). É preciso assinalar que o uso da noção eclesiológica de PdD na LG acaba sendo o indício da inserção da Igreja na era moderna (HÉGY, 1975, p. 171-175). E, assim como nos servimos do pensamento de alguns autores na etapa precedente, também aqui nosso esforço se concentra em apresentar as posições indicativas da pertinência do conceito eclesiológico em questão. Contudo, não será por demais surpreendente que algumas das apreciações favoráveis venham de autores que justamente apresentaram também os limites do conceito, de maneira que estar em desacordo em algum ponto não significa tornar inválido todo o conjunto de uma definição.

É assim que adquire sentido colher logo num primeiro momento aquilo que diz Congar: "O novo capítulo não é só importante pelo conteúdo: é-o até pelo título e pelo lugar que lhe é assinalado. A expressão 'Povo de Deus' traz consigo tal densidade, uma tal seiva [...]" (CONGAR, 1965, p. 9). Mais importante ainda, quando ele avaliando o pós-Concílio, reconhece que: "Agora sob vários pontos, as posições do Vat. II parecem ultrapassadas. Os conceitos de Povo de Deus e de Sacramento da salvação provam que devem ser o ponto de partida do que se procura: uma Igreja desclericalizada, uma Igreja para o mundo" (CONGAR, 1970, p. 477). E o próprio Luneau, que apresentamos refutando a eclesiologia a partir da noção de PdD, reconhece que tal expressão, utilizada no Concílio entre tantas para definir a Igreja, está entre as maiores. Segundo ele, depois de inúmeros debates que se seguiram durante o Concílio, no qual nenhuma outra expressão ganhou tanta notoriedade, devemos seguir a recomendação dada pelo mesmo, pois para nós a Igreja é primeiramente o Povo de Deus (LUNEAU, 1972, p. 28-30).

A plausibilidade do termo emerge sobretudo quando se consegue evidenciar a sua densidade teológica. Isso é notável, quando se afirma por exemplo que

> a apresentação da vida da Igreja em categorias de "História da salvação" é uma das noções mais aptas a nos fazer compreender o itinerário do povo de Deus, que é a Igreja, e situa este em torno de um fato, a encarnação, considerado não como uma verdade dogmática abstrata, e sim como o nó mais central da história [...]. (ROUSSEAU, 1965, p. 120)

Dizer que a Igreja é a continuidade de Israel, com o qual Deus faz aliança para salvá-lo, é um modo de aplicar à eclesiologia todos os valores que pertencem à noção bíblica e que eram esquecidos nos tratados clássicos do pós-Trento (WERBICK, 1998, p. 54-97). Por um lado, faz a Igreja se ver em sua vocação messiânica, inserida na História real e sobretudo participando da construção do mundo futuro. E por outro lado, a concepção de povo revela o caráter provisório neste mundo.

Referir-se à Igreja como Povo de Deus contribui para excluir a privatização do ser eclesial, pois não é o indivíduo o ponto de partida de uma Igreja. Se assim o fosse, esta seria unicamente uma associação de pessoas piedosas. Com isso, está descartada a ideia individualista de salvação, pois é Deus quem chama à salvação e chama a todo o povo. Afinal, "a afirmação de que a Igreja é o povo de Deus autoriza a prática de uma colegialidade em todos os níveis até a célula elementar: a paróquia" (ROCHE, 1972, p. 136). Somado a isto e, ainda mais relevante, é que este tema destaca o caráter humano da Igreja, isto é, a dimensão altamente antropológica. Pois, ainda que seja um povo chamado por Deus, existem implicações de relação entre este povo, e também a resposta ao chamado é humana. Os exemplos dos personagens bíblicos ilustram que existe uma variedade de carismas, conforme a tipologia empregada pelos Padres da Igreja (DIANICH, 1993, p. 249).

Visualizar a Igreja como continuidade do antigo Israel faz que se vejam nela as características próprias que determinam aquele povo como religioso, quais sejam: a) a eleição, que é uma ideia que perpassa toda a Sagrada Escritura indicando a missão a ser desempenhada a partir de um chamado, de uma convocação (contudo, esse conceito estava ausente dos tratados clássicos de eclesiologia); b) a Aliança, que é a categoria sobre a qual adquire consistência toda a trajetória do Antigo e do Novo testamento; c) ser um povo consagrado a Deus, isto é, para o qual tudo converge; d) a promessa, que aponta para realidades futuras (mais uma escatologia que os tradicionais novíssimos). Em suma, inegavelmente tudo isso se constitui resgate positivo a partir da noção de PdD. Contudo, é muito válida a consideração que faz a comissão teológica internacional de que a "*Lumen gentium* não se limita a prôpor a noção veterotestamentária de 'povo de Deus', mas que a supera falando de 'novo povo de Deus'" (CTI, 1998, p. 337).

Sendo assim, à medida que se retorna aos escritos dos Padres da Igreja e também através do surgimento do movimento litúrgico, será notada uma dimensão antropológica que o PdD consegue exprimir e que estava adormecida na eclesiologia de até então. Pois a Igreja é formada por homens e mulheres que são um povo a caminho da salvação, isto é, do Reino. Com isso, faz-se menção à historicidade desta Igreja, que continuamente tem necessidade de retomar sua inspiração primeira para manter-se fiel à Aliança com Deus. Ireneu de Lião escreveu que:

> A saída do Egito de todo o povo e tudo o que aconteceu pela ação de Deus foi a figura e o tipo do êxodo da Igreja, que se daria do paganismo; desta Igreja que, no fim, sairá daqui para entrar na herança que lhe dará, não Moisés, servo de Deus, mas Jesus, o Filho de Deus. Quem observar mais atentamente o que os profetas dizem do fim e o que João viu no Apocalipse, verá que as mesmas pragas que afligiram a seu tempo o Egito atingirão todas as nações. (IRENEU DE LIÃO, IV/30, 4, 2009, p. 466-467)

Assim, uma vez mais torna-se evidente que se constitui patrimônio da tradição cristã referir-se ao povo da antiga aliança para se compreender e viver a nova aliança selada em Jesus Cristo.

Além disso, a LG, tratando do Povo de Deus, ampliou os horizontes para o ecumenismo, pois também os protestantes preferiam essa definição à de Corpo de Cristo, por encontrar nela a ideia de eleição, da iniciativa de Deus, de movimento em direção à escatologia. É certo que com isso não descartamos a rejeição natural do Protestantismo pela hierarquia que encontrou respaldo também aqui. Em todo caso, é inegável o fato de essa noção eclesiológica na perspectiva de o Vat. II ser uma ponte para o ecumenismo (RATZINGER, 1987, p. 21).

Somado ao que já pontuamos, há o fato de que a reflexão que se desenvolve em torno de PdD oferece um conteúdo catequético muito pertinente que pode ser desenvolvido sob diversos aspectos, pois indica a missão do povo reunido por Deus para ser, na realidade, o seu povo escolhido. É uma forma de despertar para a consciência de que todo batizado que forma este povo é incumbido por Deus de uma tarefa específica neste mundo e, sobretudo, manifestar o sentido da esperança que alimenta em meio aos desafios que enfrenta. Entretanto, é sempre mantida a liberdade humana, pois não há um Deus que se impõe. Também evitam-se idealizações, pois o ideal de Aliança com Deus é vivido em meio a inúmeras imperfeições, sendo transparente a face de um Deus que ama, e por isso perdoa e salva. Pode-se insistir uma vez mais naquela igualdade entre todos os cristãos, ou seja, o batismo, e consequentemente visualizar as demais distinções como funções colocadas ao serviço da vida comunitária-eclesial --além de contribuir para se compreender bem as relações das Igrejas locais com a Igreja universal. Ao mesmo tempo, mostra-se a universalidade da Igreja e a variedade de relações que se pode e se deve estabelecer.

Outrossim, deparamo-nos com um ponto mormente polemizado, mas que não pode ser facultativo discuti-lo. Pois pensamos que na consideração da noção de PdD se devem depreender consequências para todos os âmbitos da vida eclesial, incluso aquele de ordem de governo. Assim, quando se assume plenamente tal definição, pode-se romper com aquela distinção de plenos direitos à hierarquia na qual cabe aos simples fiéis somente a obediência passiva. Na verdade, o que está em jogo aqui é uma tentativa equilibrada de pôr fim à clericalização, porque se considera que as funções ministeriais devem servir à missão fundamental da Igreja, ou seja, valoriza-se o laicato na sua genuína vocação. Segundo nosso modo de interpretar, é claro em não dar margem para se passar de uma Igreja totalmente clerical para uma Igreja totalmente laica. Tanto é assim que há espaço e valorização da função hierárquica também. Na verdade, a proposta é unívoca, isto é, que toda a Igreja se veja como PdD e que realize a missão que compete a todos(as). Pois,

> o povo é uma unidade orgânica determinada pela sua origem e sua história; tem sua própria forma de governo que interpreta e garante a unidade no respeito pela liberdade de seus membros

> e das leis que regulam a convivência tendo em vista o seu desenvolvimento. (LAZZATI, 1986, p. 175)

Por fim, todos esses ganhos que advêm da noção da Igreja como PdD estão inseridos na grande "inovação" da Igreja adotada pelo Vat. II que abriu novos horizontes eclesiológicos, tais como a colegialidade episcopal, a sacramentalidade da Igreja, a participação dos leigos, a catolicidade aberta ao diálogo etc. E, ao se admitir o PdD como uma definição eclesiológica imprescindível, haverá também consequências para as opções e práticas pastorais da Igreja. Pois nesta identificação com o povo está sobretudo a predileção pelos pobres que, em todos os tempos, geralmente formam o povo anônimo. Desde a antiga aliança, e confirmada na prática de Jesus, o Povo de Deus é o povo dos pobres. Mantém-se a fidelidade e pertença ao Povo de Deus, sobretudo quando se congrega os pobres em torno do projeto de Terra Prometida. A Igreja como novo Povo de Deus não pode se eximir desta missão de ser o espaço natural dos pobres e de promovê-los em direção à uma terra de liberdade (GAUTHIER, 1965, p. 196-213). Afinal, se o futuro representa possibilidades, estas devem necessariamente estar baseadas nesses critérios.

4. Em vista de uma fidelidade ao Concílio Vaticano II

Nunca é demais evocar um pensamento iluminador, sobretudo quando foi construído com isenção ideológica e sem parcialidade. Encontramos isso na lapidar sentença de que "se permanece fiel ao Concílio somente quando se leem e se pensam juntas estas duas palavras centrais da sua eclesiologia: sacramento e povo de Deus" (RATZINGER, 1987, p. 24).

É inegável que se pode fazer uma autêntica teologia simbólica com base nos documentos produzidos pelo Vat. II, que, por sua vez, tentou redescobrir essa riqueza na Tradição da Igreja que remonta à teologia bíblica. Justamente por esta razão, na LG nos deparamos com uma série destes símbolos que buscam traduzir a essência da Igreja e de sua missão. Neste sentido, o PdD se mostra também um símbolo que traduz a trajetória de uma Igreja peregrina que encontra a razão de sua missão na gênese do próprio povo escolhido por Deus. E, acima de tudo, a teologia simbólica do Povo de Deus atinge o estatuto de uma nova orientação, mais que de análise da vida da Igreja; é certo que surge uma nova inspiração quando se pensa a Igreja como povo.

Ademais, é consenso que:

> O Vaticano II usou um novo modo de pensar a fé cristã. Os concílios anteriores tinham todos um modo de pensar abstrato, conceitual, e manipulavam uma metodologia filosófica inspirada na filosofia grega. O que os preocupava era a precisão dos conceitos. Queriam definições claras. Queriam uma expressão lógica. No Vat. II muitos teólogos e bispos ficaram desnorteados no início porque o Concílio operava de acordo com outro modo de pensar. Voltou a um pensamento de tipo simbólico semelhante ao modo de pensar da Bíblia e dos Santos Padres. Procurou desenvolver uma linguagem simbólica. Por exemplo, foi a partir da discussão sobre a liturgia que os Padres conciliares descobriram o símbolo de povo de Deus. Este preocupou os canonistas e muitos teólogos pela sua falta de rigor conceitual. Mas ele tem valor simbólico tão grande que a sua adoção repercutiu em todos os documentos ulteriores. Na definição do papel da hierarquia, dos sacerdotes, dos leigos, sempre voltava o símbolo do povo de Deus como símbolo condutor do pensamento. (COMBLIN, 1985, p.7-8)

Assim, quando se diz que o conceito de Corpo de Cristo é o mais apropriado para expressar a realidade eclesial, temos de considerar primeiramente o contexto histórico do surgimento da encíclica *Mystici corporis*, de Pio XII, em 1943. A encíclica respondia a um cenário trágico de guerra no qual o maior sentimento das pessoas era o de se poder unir e juntas superar uma dor comum. Ao mesmo tempo, os fatos subsequentes àquele contexto exigiram uma nova concepção de Igreja que respondesse aos apelos que havia. Tanto isso é verdade que, apesar da Encíclica, as muitas áreas teológicas (direito canônico, exegese bíblica e teologia dogmática) se apoiarão na ideia-chave de PdD para tratar da Igreja - sem obviamente deixar de considerar também o conceito de Corpo Místico de Cristo, mas complementando-o com aquele.

Portanto, a citada encíclica não pode ser considerada como uma fonte delineadora de uma eclesiologia integral, mas responde a um contexto histórico particular, visando manter o aspecto societário de Igreja, pois o centro das atenções recai sobre a vida interna institucional (BENTIVEGNA, 1967, p. 129-140). Além disso, importa observar que "esta eclesiologia pontifical não coincide exatamente nem com o pensamento de santo Tomás sobre o corpo místico, nem com o pensamento paulino. Mas ela responde às necessidades do desenvolvimento dogmático" (COMBLIN, 1970, p. 430). E desse modo, ela não poderia ser uma eclesiologia integral e completa do Vat. II, se carecesse de uma exata definição bíblico-teológica. Aliás, é muito importante entender que "a imagem do corpo não é o dado central da eclesiologia de São Paulo, mas somente uma das comparações que ele utiliza. Além disso, ele ignora o termo 'místico' acrescentado à palavra 'corpo' desde o século XIII" (MŒLLER, 1955, p. 269).

Quanto à relação entre Corpo de Cristo e PdD, estima-se que em PdD permanece a definição primitiva e fundamental da Igreja, ainda que ela possa ser de certo modo modificada pela noção de um organismo espiritual identificado misticamente ao Corpo de Cristo (CERFAUX, 1948, p. 215). Em todo caso, a expressão "Corpo de Cristo" não substitui PdD, nem "Igreja", mas ambas são o Corpo de Cristo. O que é inadmissível é a tentativa de aplicar a definição de Corpo de Cristo como corretivo para a de PdD, enquanto consideramos como originária e profundamente teológica a noção de Povo de Deus; por isso, não se pode amenizar o seu valor pela noção de Corpo de Cristo. Se isso ocorre, é uma manobra no mínimo ideológica. Por fim, no que concerne a essa particular aporia, as divergências são infindáveis. Poder-se-ia elencar muitas argumentações nesse sentido, mas nos limitamos por hora a indicar somente que esta questão é de fato um divisor de águas na eclesiologia (GROOTAERS, 1988, p. 99-100).

Na verdade, é certo que, se partimos da premissa de que a Igreja é um mistério, não podemos querer que uma imagem ou definição sua seja cabal em relação a tudo aquilo que ela é, ou seja, a sua natureza é por demais complexa e extrapola qualquer tentativa de enquadramento. Pois, certo é que

> estamos "*in via, non in patria*". Nenhum modelo é o modelo. Mais que da claridade do sol, a Igreja vive do mistério da lua. A luz das gentes é Cristo, do qual a Igreja é apenas um pálido e frágil sacramento [...]. (ALMEIDA, 1988, p. 352)

Justamente por isso, afirmar que a imagem de PdD não traduz toda a significância e conteúdo da natureza da Igreja não é nenhuma novidade. Mas isso deve ser extensivo também a tantas outras imagens que cumprem esse papel de buscar expressar o ser e a missão da Igreja. Na verdade, percebe-se sempre mais que é preciso que todas as imagens estejam integradas para que seja realçado o essencial (DUQUOC, 2000, p. 182-204). Não foi por acaso que o Concílio Vaticano II conservou muitas destas imagens e definições utilizadas na Bíblia e ao longo da história da Igreja. Somente na *Lumen gentium* encontramos 35 imagens bíblicas que se aplicam à Igreja.

Do mesmo modo como é possível harmonizar os quatro evangelhos que falam do mesmo Jesus, é possível considerar as ricas contribuições que advêm de cada uma das definições. Além disso, existe o fato de que, quando se trata de conhecer algo, há algumas definições que se aproximam mais e melhor da essência do objeto, e outras que ficam um pouco aquém. Com base naquilo, estamos tentando mostrar que a imagem de PdD consegue traduzir com coerência e atualidade a natureza da Igreja, porque

> A Igreja é o Corpo de Cristo, é a Esposa de Cristo, é um Povo vinculado ao seu Redentor por uma íntima união vital; é, justamente por isto, essencialmente o Povo de Deus por Graça, e não apenas juridicamente, nem, tampouco, por mera descendência física. (SEMMELROTH, 1965, p. 474)

Por conseguinte, quando se considera a riqueza que os textos conciliares possuem temos também de levar em conta os contextos em que foram produzidos, pois isso influencia e determina em muitos aspectos. A fidelidade irrestrita à letra pode ser sinal de infidelidade ao espírito que guiou e orientou todo o desenvolvimento feito (ACERBI, 1981, p. 862-871). É certo que disso dependerá também a atualidade que um dado documento gozará depois de passadas algumas décadas de sua elaboração. Mas, no caso específico da LG, é possível perceber a sua atualidade enquanto oferece subsídios fundamentais para se pensar a Igreja para o nosso tempo, isto é, os princípios que contém continuam sendo altamente válidos e orientadores para a ação eclesial, e concomitante a isso, há o fato de conseguir manter-se consoante à tradição da Igreja.

Sem dúvida, o valor da LG consiste tanto em apresentar as muitas imagens que se pode ter da Igreja como do reconhecimento que faz à definição da mesma como Povo de Deus, apresentando-a de maneira relevante. Não se pode, entretanto, deixar de mencionar que o conteúdo da LG dá margem para uma visão contrastante de Igreja, ou seja, existem elementos justapostos da antiga visão à nova, que foi assumida (RIKHOF, 1981, p. 970-974). Nesta linha também consegue dar um salto qualitativo, passando de uma eclesiologia jurídica que prevaleceu por muito tempo no seio da Igreja para uma eclesiologia de comunhão que coloca em Jesus Cristo o ponto de atração para todos que formam a Igreja (ACERBI, 1974, p. 239-425). Obviamente, sem olvidar, com isso, a simultaneidade de eclesiologias presentes na constituição conciliar sobre a Igreja ou a passagem de uma visão jurídica a uma de comunhão, mas com seus limites e avanços (*cf.* ACERBI, 1975).

Contudo, a coexistência de todos esses princípios de eclesiologia não permite que haja uma síntese feita pelo Vat. II. Essa será a tarefa que caberá posteriormente aos sínodos (PIÉ-NINOT, 1998, p. 31).

Portanto, deve-se ter em consideração que

> o Vaticano II quis explicitamente colocar o tema povo de Deus antes do tema Corpo de Cristo como mais abrangente e mais básico. Porém, em parte alguma, nem o Concílio nem os seguidores

> do Vaticano II quiseram suprimir, nem reduzir, nem desprestigiar o título de Corpo de Cristo. (COMBLIN, 2001, p. 117)

Tanto isso é verdade que LG 7 faz eco a esse valor da definição eclesiológica de Corpo de Cristo. A esse respeito, existem tentativas de síntese entre a eclesiologia do Corpo de Cristo e a de PdD, sem parcialidade e sem subordinação, vendo-as como dois polos da realidade eclesial e apoiando-se sobretudo naquilo que diz o apóstolo Paulo em Ef 2,14-18 (MILITELLO, 2003, p. 195-197).

Em suma, não se pode negar que, para o Vat. II, a imagem de PdD seja condizente ao identificar o ser e a missão da Igreja, sem ser de modo algum exauriente. E assim, ocorre uma ruptura no procedimento de não mais associar a Igreja à sociedade perfeita nem exclusivamente à imagem de Corpo de Cristo, como ocorrera antes do Concílio. Sem deixar de nomear estas e outras imagens, é à imagem de Povo de Deus que se dedicará todo o segundo capítulo da LG. Somente isso já bastaria para excluir qualquer tentativa de menosprezar a noção de PdD do Vat. II a despeito de outra qualquer. Por fim, a eclesiologia, que se define a partir desta imagem e da qual o Concílio fez-se porta-voz oficial, contará com outros desdobramentos em contextos diferenciados, mas conservando seus princípios básicos e as suas grandes linhas (CIPOLINI, 2001, p. 836-839). Porque, em última instância, através da eclesiologia do Povo de Deus está definitivamente garantida a vocação essencial do povo de pertencer a Deus, e por isso, de ser um povo livre (ANTÓN, 1967, p. 180).

4.1 *O Sínodo de 1985: desvio de rota?*

Em se tratando ainda de fidelidade ao Vat. II não poderíamos deixar de mencionar, mesmo que sucintamente, o sínodo extraordinário que ocorreu em 1985 por ocasião dos 20 anos da realização daquele. As palavras de ordem divulgadas e que expressavam a sua finalidade eram "celebração, comemoração, verificação e promoção do Vaticano II" (ANTÓN, 1987, p. 1133).

Ora, não se pode negar que a revisão das propostas conciliares era um dos pontos mais fortemente explicitados e sublinhados, todavia se considerava também que o conteúdo conciliar era desconhecido de grande parte dos católicos. Daí então, a necessidade de fazer que a doutrina conciliar fosse inteligentemente compreendida. Essa meta exigia por sua vez algumas precisões conceituais segundo a avaliação geral. Consequentemente, quanto àquilo que tange diretamente à eclesiologia, o Sínodo assumiu uma posição decidida e clara diante de questões extremamente complexas e espinhosas que vinham, há tempo, sendo apontadas como negativas e como fonte de más interpretações. Basta conferir os temas da agenda de discussão do Sínodo para se entender melhor qual era o escopo de fundo do mesmo.

De fato, pode-se admitir que estivesse mal representado o PdD separado do Mistério, e isso conduz a uma visão parcial da Igreja. Porém, jamais se pode negligenciar a noção de PdD como central para o Concílio. Dá-se a impressão que o relatório final do Sínodo minimiza o valor do PdD para insistir no mistério da Igreja (KOMONCHAK, 1986, p. 20). Em outros termos, o Sínodo estaria descartando a eclesiologia de PdD como aquela que o Vat. II tanto apreciou e propôs para toda a Igreja (DANNEELS, 1986, p. 549-567).

Sem entrar detalhadamente no mérito da ampla discussão que vários teólogos e eclesiólogos de tendências diferentes já o fizeram, queremos somente sinalizar para a situação de que esse sínodo ficou passível de diferentes interpretações, ou seja, provocou muitas celeumas dentro do âmbito eclesial e até fora. De modo que, em última instância, fez prevalecer a possibilidade de uma única leitura frente à polissemia de sentido dos textos conciliares. Entretanto, o risco é de que, quando se tenta enquadrar tudo sob uma óptica exclusiva, há mais chance de infidelidade que de esclarecimentos (ANTÓN, 1987, p. 1140).

Em todo caso, o ponto nevrálgico de tudo está em insistir naquilo que não emerge com facilidade do próprio Concílio, ou seja, uma visão eclesiológica única. Certamente, a eclesiologia de comunhão é a ideia central e fundamental, mas pode ser bem entendida de acordo com os acentos que recebe (ANTÓN, 1970, p. 32-79). Pois, se vê que a definição de Corpo de Cristo, por exemplo, não está excluída (pelo contrário é bastante evidente), mas não é a única nem a mais completa nos documentos do Concílio. Por outro lado, afirmar que a eclesiologia do Vat. II é a de comunhão e não a de Povo de Deus, apontada como problemática, mostra-se um tanto quanto arbitrário. Somente se não houvesse uma constituição dogmática como a *Lumen gentium*, e mais ainda, o seu segundo capítulo, para se poder aceitar sem mais uma proposição desse gênero.

Sob a acusação de ser uma categoria sociológica e reducionista, suprimiu-se toda a teologia do Povo de Deus que o Concílio desenvolveu a partir de toda a rica tradição teológico-bíblica da Igreja, conforme já indicamos. Consequentemente, omitiu-se a realidade humana da vida da Igreja, sobretudo da hierarquia. Não que o tema de comunhão não seja válido, aliás, ele está presente na LG quando fala da colegialidade na vida da Igreja. Porém, isso não pode significar uma mera substituição, pois, o conceito de PdD comporta alcances próprios, conforme acenamos nas páginas anteriores. Mais ainda, a eclesiologia de PdD está na linha daquilo que caracterizou o próprio Concílio, isto é, pensar a vida eclesial sob a categoria histórica. Ora, mesmo o Papa João XXIII lembrava muito oportunamente que a História é a mestra da vida (GIOVANNI XXIII, 1962, p. 209). São considerações desse tipo que correm o risco de serem excluídas da teologia da Igreja quando se visualiza o PdD de modo apenas simplista e suspeito.

Seguramente esse sínodo extraordinário, com seu caráter celebrativo, foi importante para reavivar a significância do Vat. II para toda a Igreja. Porém, em seu aspecto avaliativo e projetivo, não deixou de suscitar polêmicas. E uma vez que se tem de recordar que se deve reconhecer a validade e a autoridade das decisões de um sínodo (que neste particularmente foram inéditas), o mesmo se aplica a um concílio como instância máxima para a vida de toda a Igreja. Igualmente, no que se refere mais especificamente ao Vat. II, ele é bastante claro e objetivo quanto à relevância da eclesiologia de PdD, pois em momento algum a coloca à margem ou em dúvida (COMBLIN, 2001, p. 115-125). Deste modo, a fidelidade ao Concílio está na perspectiva de considerar como sumamente relevante a eclesiologia do Povo de Deus para os nossos tempos, sem que isso tenha a pretensão de suplantar outras imagens ou eclesiologias presentes na vida da Igreja (CTI, 1984, p. 327-375). Ainda que tal eclesiologia não possa ter direito a reclamar exclusividade, não pode, porém, ser simplesmente vista como problemática, adversária e incompleta (ANTÓN, 1987, p. 1157-1158).

Finalmente, a eclesiologia de PdD deve ser vista no conjunto das demais, sem perder a sua peculiaridade. Neste sentido, devem estar obviamente passíveis também suas complementações ou atualizações, sem que com isso comprometa-se a aquilo que lhe é essencial.

4.2 *Em síntese: "o todo no fragmento": interligação e complementariedade*

Charles Mœller, um dos corredatores do esquema conciliar sobre a Igreja, bem antes da abertura do Vat. II, fez a seguinte observação: "a imagem de povo de Deus deve permanecer no horizonte da eclesiologia, pois ela sublinha o caráter comunitário da aliança em Jesus [...]". Porém, logo em seguida, o mesmo adverte que

> a imagem do corpo completa a precedente indicando que este "povo de Deus" não é uma "democracia parlamentar" estruturada de baixo para cima, mas um organismo visivelmente hierarquizado e, ao mesmo tempo, animado interiormente por Cristo [...]. (MŒLLER, 1955, p. 269)

Esse modo de raciocinar revela o pano de fundo de muitas das oposições que existem para se admitir o conceito de Povo de Deus, ou seja, o temor de que a partir desta definição a Igreja se torne um regime totalmente democrático. Ora, se seguíssemos essa linha de pensamento, a invocação da imagem de Corpo de Cristo poderia estar sendo usada somente para resguardar o papel e o valor da hierarquia, pois a partir desta analogia quem é membro não pode ser cabeça da Igreja. Obviamente, partir para esse tipo de operação lógica é assumir uma visão limitada e reducionista, pois no PdD também se mantém a diferenciação de funções; não há apelo algum para o igualitarismo, mas apenas se realça aquilo que nos faz iguais, isto é, o sacramento do batismo. E isso é consequente e compatível com a teologia dos sacramentos. Assim, ao mesmo tempo que a LG, no capítulo 2, faz a contundente afirmação da igualdade de todos os fiéis na Igreja, a partir do conceito de PdD assegura também a diferenciação de funções dentro da vida eclesial. Todas as partes estão convergindo para a harmonia do todo.

De maneira sintética, pode-se dizer que, em princípio, a grande novidade da eclesiologia do Concílio Vaticano II é a definição da Igreja como PdD. Se efetivamente não se alcançaram todos os resultados que se esperava, isso se deve ao fato de que a vivência eclesial nem sempre se pautou nesta noção. Além disso, a tensão conciliar em torno do capítulo 3, que trata do colégio dos bispos, fez com que toda a atenção fosse convergida para esse ponto. Por conseguinte, isso provocou uma carência de maior estreitamento entre os capítulos 2 e 3, do modo como existe na teologia oriental, na qual os elementos eclesiológicos estão mais concatenados em vista da colegialidade.

No entanto, apesar de todo o esforço feito, ainda é difícil superar todos os traços de supervalorização da hierarquia deixados pelo Concílio de Trento, pois infelizmente a passividade dos leigos ainda é sentida em alguns setores. Afinal, existe um longo passado caracterizado pelo espírito de não liberdade. Mas "O Concílio Vaticano II marcou o fim de uma época; [...] de certa maneira, ele encerra a era dita constantiniana, a era do Cristianismo de tipo medieval, a era da Contrarreforma, a era do Vaticano I" (CARDEAL SUENENS, 1969, p. 11).

Mas a Teologia elaborada a partir da noção de PdD oferece espaço suficiente que permite chegar às tomadas de posição institucionais requeridas pelas necessidades pastorais. A eclesiologia do Povo de Deus é fundamentalmente uma rejeição a qualquer forma de espiritualização desencarnada ou de querer visualizar a Igreja simplesmente como sociedade. Ao contrário, através dela faz-se opção por uma visão integral que se manifesta na realidade humana e histórica. Pois isso implica reconhecer que caberá menos direito a reclamar a infalibilidade, porque a historicidade do povo remete a desvios e fraquezas que realmente existem, mas não são menos receptivos à graça de Deus, que marcha junto de seu Povo.

Ora, ser Povo de Deus é poder gozar da presença Dele em todos os momentos como foi na caminhada de Israel. Deus jamais se ausenta; a infidelidade é componente da condição humana e justamente por isso necessitamos da Sua companhia misericordiosa e reconfortante no percurso da vida, seja individual, seja eclesial e comunitariamente. Daquilo que pudemos refletir a respeito da noção PdD, não nos parece impossível que ela englobe em si o estado itinerante entre Pentecostes e a Parusia (o "já", mas não "ainda"). O fato de ser "Povo" é enriquecido com o genitivo de "Deus", que garante toda a sorte de graças e de manifestações divinas. Quando se reconhece que o PdD goza de estatuto teológico e pastoral é justamente em razão desses elementos que fomos pontuando. Dessa maneira, é indiscutível o valor e a pertinência dos princípios teológico-pastorais que surgem a partir de LG e, por conseguinte da noção de PdD, que ecoam na atual eclesiologia.

A realidade de Povo de Deus é absolutamente importante e não cria dificuldades com as outras significativas imagens que a tradição bíblica e eclesial usou para referir-se à Igreja. Objetivamente falando, e conforme tentamos apresentar, a mera substituição ou menosprezo por ela não se justifica. Sem ofuscar a teologia das imagens da Igreja, reconhecemos a pertinência e o alcance singular desta de PdD, como o fazem outros (MŒLLER, 1955, p. 268). Mesmo porque existe um legado histórico de resistência e de esforço para fazer valer a pertinência dessa noção e que incide em nosso contexto eclesiológico mais atual, conforme atesta a própria Comissão Teológica Internacional, quando consente que:

> No entanto, ainda que o Concílio dê todo seu lugar à imagem de "Corpo de Cristo", foi a de "Povo de Deus" que ocupou o primeiro plano, ainda que apenas o tenha sido porque é o título do capítulo 2 da Constituição. A expressão "Povo de Deus" chegou inclusive a designar a eclesiologia do Concílio. De fato, pode-se dizer que "Povo de Deus" foi mantido preferencialmente em relação a expressões como "Corpo de Cristo" e "templo do Espírito Santo", às quais o Concílio recorre como equivalentes.

Dessa forma, em última análise pode-se dizer que qualquer tipo de crítica ou complementação conceitual é cabível à eclesiologia de PdD, a fim de torná-la ainda mais densa, menos querer anular a sua memória e significância na história mais recente da eclesiologia. Afinal, não se pode esquecer que, "Onde está a Igreja, aí está o Espírito de Deus; e onde está o Espírito de Deus ali está a Igreja e toda a graça. E o Espírito é Verdade" (IRENEU DE LIÃO, III/24, 1, 2009, p. 360). E a verdade é que a eclesiologia de PdD tem muito a oferecer à teologia e à pastoral da Igreja, sobretudo à configuração das comunidades cristãs.

Nesse sentido, importa salientar o caráter abrangente que a categoria PdD possui sem ser uma identificação automática e exclusiva com a Igreja somente.

> Importante é a compreensão do povo de Deus: não é mais a congregação daqueles que professam o mesmo Credo, mas a convergência de todos aqueles que se comprometem com o mesmo projeto. E esta convergência não passa necessariamente pela mediação da consciência cristã, enquanto profissão explícita de fé no evento Cristo como presença salvadora de Deus. Em razão disso,

> não nos parece viável a identificação do povo de Deus com a Igreja. Esta é apenas a parcela teologicamente consciente deste povo. E, em princípio, é até possível que alguém faça parte da Igreja, porque professa seu Credo e participa de sua prática sacramental, sem, entretanto, fazer parte efetiva do povo de Deus, pelo fato de estar comprometido com um projeto histórico de opressão. Neste caso, em nível de práxis, ele se situa numa posição diametralmente oposta ao projeto fundamental de Jesus. (PRETTO, 1983, p. 26)

Destarte, nosso propósito foi o de superar o quanto possível o exclusivismo e a parcialidade, pois se o próprio Cristo se fez relativo para nos salvar, não existe motivo para absolutizar modelo algum de Igreja. Contudo, o que acreditamos ser mais importante é o contexto que fundamentou a opção eclesiológica da Igreja como PdD. É por tal razão que merece ser considerado e avaliado, em se tratando de propor ou querer alguma substituição.

Além disso, há o fato de que a noção de PdD remete para algo essencial da Igreja, sem o qual muito pode estar comprometido. Trata-se da sua realidade humano-histórica, que diretamente remete para a ação de Deus nela, e por meio dela, em meio a todas as vicissitudes humanas presentes no mundo. Em suma, é a dinâmica da História da Salvação que é animada pelo Espírito e que comporta a dimensão de passado (memória) e a dimensão de futuro (escatológica e trinitária) que está na base desta definição eclesiológica. Uma vez que se conteste tal definição, serão elementos essenciais como esses que serão colocados de lado. Foi por isso que procuramos desenvolver todo esse resgate apresentando a Igreja como PdD, no intuito de salientar e indicar alguns desses valores apenas elencados.

Por fim, pode-se admitir tranquilamente e sem falsa modéstia que:

> Em nenhuma outra Igreja se insistiu tanto na Igreja como povo de Deus como na consciência, na prática e nos escritos da Igreja brasileira.[10] Ela não é uma metáfora entre outras da Igreja. É uma descrição real do que é realmente a Igreja. Mas entendamos bem: povo não existe por si mesmo. Ele resulta da articulação das muitas comunidades que elaboram para si uma consciência comunitária, criam um projeto comum de comunhão e participação e se dão as práticas para implementá-lo. Desta articulação resulta o povo. Para que a Igreja seja Povo de Deus, ela precisa ser, antes de tudo, povo, o que não é absolutamente evidente. Ela se constitui como povo na medida em que cria comunidades e movimentos cristãos que, articulados entre si, dão origem ao povo. Esse povo se faz, pela fé e pelo evangelho, povo de Deus. Ele escolheu Deus e se sente chamado por Deus [...]. As comunidades Eclesiais de Base e as pastorais sociais são a matéria que dá forma concreta ao Povo de Deus, fenômeno discernível sociologicamente, dentro do processo social brasileiro. (L. BOFF, 2002, p. 380-381)

10 Houve e ainda há expressões "de uma teologia genuinamente latino-americana em perspectiva libertadora, que parte dos pobres como lugar teológico e que não só considera a Igreja como Povo de Deus litúrgico (*laós*), mas como o povo escravo do Êxodo e o povo pobre (*óchlos*) que Jesus curava, alimentava e evangelizava" (CODINA, 2015, p. 120-121).

III

A ERA PÓS-CONCILIAR: UMA NOVA FISIONOMIA ECLESIAL

Indubitavelmente, o Vat. II inaugurou uma estação eclesial nova e diferente, tanto dentro da Igreja como no modo de a sociedade perceber e relacionar-se com ela. É óbvio que está pressuposto nisso um longo processo de adequação às proposições conciliares e ao seu espírito. Houve enfrentamento diante de resistências, bem como acolhidas entusiasmadas que "excederam" a intenção de colocar o Concílio em prática. No entanto, tudo isso se coaduna bem com o processo de "recepção conciliar".

Destarte, para que seja possível delinear tal quadro socioeclesial do período que se segue ao Concílio Vaticano II, faremos novamente uma sucinta retrospectiva histórica sobre a Igreja Católica a fim de situar a "guinada" que o evento conciliar significou dentro da História. Na sequência, indicaremos brevemente como nos encontramos depois de anos desse augusto acontecimento eclesial.

1. Igreja Católica: *ecclesia semper* reformanda

A compreensão do singular alcance eclesiológico do Vat. II implica outros elementos. É preciso, antes de tudo, considerar que no âmbito bíblico neotestamentário não é possível encontrar uma configuração institucional definida e completa da comunidade eclesial. O que temos são apenas indícios de uma organização incipiente que começa a se despontar sem ter ainda muita distinção de funções. No entanto, o século IV torna-se um marco em termos de institucionalidade na vida eclesial católica, pois aponta para uma estruturação mais robusta que alcança até mesmo o reconhecimento do Estado civil. Mais que uma teoria administrativa que foi sendo desenvolvida, trata-se de uma herança organizacional adquirida via Império romano e via Judaísmo, mas adaptada segundo as circunstâncias e condicionamentos próprios. Sem entrar no mérito da questão se isso foi vantagem ou se comprometeu a autonomia e profetismo da vida cristã, é fato que proporcionou a sobrevivência institucional e organizativa da Igreja nos meandros sociais.

O primeiro milênio é comumente considerado o período que se caracterizou mais pela *koinonia eclesial* em suas variegadas expressões. Em seguida, foram postas as bases para uma identificação gradual do modelo eclesial com aquele dos Estados. De tal sorte que, no segundo milênio, teve início a chamada Igreja de Cristandade, ou seja, houve uma identificação mecânica de vida cidadã com vida eclesial; pertencer à Igreja Católica era gozar dos direitos que o Estado oferecia. Não cabia distinção nem caminho alternativo! A partir do século XI, com a Reforma gregoriana, a Igreja Católica atingiu um nível demasiadamente alto de centralização em seu quadro organizativo. Se por um lado, ela fazia isso para garantir sua independência frente às interferências que sofria por parte dos poderes civis, por outro lado assemelhava-se muito a eles em seus princípios. Desse modo, a Igreja se converteu em uma forte instituição clerical, centralizada e estruturada em moldes monárquicos. Não lhe faltaram duras críticas, até mesmo de santos (SÃO BERNARDO, *De consideratione*, I, 4; IV, 3,6: PL 182, 732; 776).

Quando a Igreja Católica foi questionada pela Reforma Protestante, no século XVI, por valorizar demais o caráter de visibilidade e institucionalidade em detrimento da espiritualidade, reagiu com o reforço de suas estruturas e organismos, sem desconsiderar algum esforço também na outra direção. Na verdade, antes mesmo da Reforma, algumas vozes dissonantes dentro da própria Igreja já apontavam para algumas contradições aberrantes que existiam no seu interior. Todavia, a reação católica oficial veio com o Concílio de Trento (1545-1563), que moldou uma identidade eclesial capaz de condicionar a uma ação uniforme da Igreja em sociedades tão diversificadas. A expressão máxima desse sintoma pode ser detectado na comparação da Igreja Católica "à comunidade do povo romano, ou ao Reino da França ou à República de Veneza", feita pelo grande eclesiólogo e teólogo controversista da Contrarreforma Roberto Belarmino (1542-1621). Dentro de sua concepção eclesial, a Igreja tem em modo perfeito o aparato que o Estado possui, e por isso, deve ser considerada uma "sociedade perfeita". Destarte, os critérios de verificação para a pertença eclesial são externos e objetivos. Para Belarmino, a Igreja é:

> a reunião dos homens que estão unidos pelo laço da confissão da mesma fé e da participação nos mesmos sacramentos, sob a direção dos pastores legítimos e especialmente do vigário de Cristo na terra, o Papa romano. (*Controv.* IV, *liv.* III, *cap.* 2)

Sua doutrina dos "três laços" da unidade consistia em: confissão de fé: *vinculum symbolicum*; sacramentos: *vinculum liturgicum*; hierarquia: *vinculum hierarchicum*. A partir desse contexto eclesial, posteriormente até o atributo de "romanidade" passa a ser incorporado como essencial na definição e identidade da Igreja!

De qualquer modo, o que havia entrado definitivamente para a História com a posição protestante era a quebra de hegemonia dentro da instituição cristã. Tornava-se perfeitamente possível ser cristão sem ter de ser necessariamente católico! E embora o Protestantismo na sequência também passe por seu processo de institucionalização, depois de um início eufórico caracterizado mais pela espontaneidade quando comparado ao mundo católico, aparentava, em contrapartida, uma relativa leveza organizacional.

O final do século XIX para o Catolicismo, por meio do Concílio Vaticano I (1879-1870), que fez o enaltecimento do ministério papal com sua jurisdição universal, significou uma tentativa, por via institucional-hierárquica, de garantir a primazia e força do mundo católico dentro de uma sociedade que começava a ser marcada pelo pluralismo e pela quebra de sua hegemonia: ou seja, começava a ruir a era de Cristandade. Ainda se afirmou, até o Vat. I, a concepção de que a Igreja de Cristo era somente a Igreja Católica. Enfim, ao longo de todo o segundo milênio da vida da Igreja, houve um constante interesse em se ressaltar o tema da desigualdade. Em vez de focar a igualdade em sua raiz evangélica, insistiu-se em outros níveis, inegáveis, mas secundários, de desigualdades entre os seres humanos. A motivação para isso estava na compreensão da Igreja como "sociedade desigual" que refletia uma forma histórica de Igreja – o mundo medieval. Daí sua atitude defensiva e de ataque ao mundo moderno (VELASCO, 1996, p. 224-225).

Sendo assim, o que se pode notar deste breve *excursus* histórico é que, independentemente da configuração que assume, dentro dos diversos contextos sociais e culturais, a Igreja Católica enquanto instituição refere-se, em primeiro lugar, a estruturas doutrinais, sacramentais e de governo. Porém, somados a isso encontram-se também as confissões de fé, o magistério, os concílios, os sacramentos e o direito, a pertença à Igreja, as estruturas hierárquicas e a vida religiosa - sem que necessariamente tudo isso se oponha ao carisma que a caracteriza também. Aliás, carisma e instituição estão dialeticamente interligados na composição do tecido eclesial. E esta instituição, como forma social concreta, deve atualizar e mediar a salvação de Cristo para todos os seres humanos a partir de seu elemento divino e humano para poder conservar o que lhe é específico.

Afinal de contas,

> o Cristianismo, com sua história bimilenar, aparece coberto com as sólidas roupagens de uma rígida institucionalização. Herança religiosa judia, mentalidade política romano-helenística, estilo feudal medieval e ainda influência absolutista do *Ancien Régime*: tudo deixou sua marca. Mas isso era, de algum modo, inevitável; e é compreensível, seja em que caso for. Contudo, exatamente por isso, precisa de revisão. (TORRES QUEIRUGA, 2003, p. 249).

O que se busca em última instância é que se possa aprender com o vivido e acolher com esperança a novidade que se desponta. Pois,

> olhando para a história passada da Igreja, não custa verificar que a *diakonia* não poucas vezes se transformou em domínio e absolutismo; que o *múnus* pastoral passou a assumir o aspecto autoritário e impositivo; que o magistério eclesiástico se converteu em corpo teológico uniforme e intangível; que a disciplina tomou as formas de legalismo rígido e estático; que a continuidade da Igreja se metamorfoseou em tradição imóvel e sagrada [...]. Na prática, caímos numa espécie de monofisismo eclesiástico que identificava a autoridade humana da Igreja com a própria autoridade divina; e consequentemente fazia-se da virtude da obediência a atitude característica do "fiel" que era a designação mais simples para o cristão. (KLOPPENBURG, 1970, p. 167-168)

É exatamente para alterar o quadro socioeclesial supramencionado que o Vat. II primou por uma nova etapa na vida da Igreja.

2. O Vat. II como fim de uma era

Para se ter uma ideia sobre como o Concílio entendia a identidade eclesial católica, ou seja, a Igreja Católica em sua institucionalidade, faz-se mister um exercício não pouco laborioso, pois isso só é possível de forma dedutiva. Por isso, embora tratando da Liturgia, é interessante observar a mentalidade eclesial dos padres conciliares da primeira sessão do Vat. II, que se pode depreender deste comentário do cronista:

> Um grupo acentua o aspecto jurídico, externo e hierárquico da Igreja: Papa, bispos, sacerdotes, fiéis formam os graus de uma pirâmide: os fiéis, com um mínimo de participação que lhes parece ser generosamente "concedida" ("benigne concessit") ou "permitida" (ou apenas tolerada), assistem piedosa e devotamente ao que fazem os graus superiores que, por sua parte, procuram avivar sobretudo as virtudes da obediência e do respeito à autoridade magistral. Outro grupo não nega esta parte jurídica, mas não a acentua tanto: para eles, a Igreja é primeiramente e em sua totalidade o Corpo Místico de Cristo, o *populus Dei*, servido e ajudado por vários graus de "ministros" e "servos". (KLOPPENBURG, 1963, p. 159-160)

Na segunda sessão do Concílio, ao tratar do governo da Igreja, foi muito pertinente a reflexão do bispo José Gargitter, de Bressanone (Brixen). Entre outros elementos, ele referiu-se a:

> 2) descentralização do governo da Igreja: também para a Igreja vale o princípio da subsidiaridade; 3) internacionalização da Cúria Romana: o que o esquema diz da internacionalização e da participação dos Bispos nos trabalhos das Congregações Romanas é totalmente insuficiente; também nos seus órgãos centrais deve a Igreja aparecer como a autêntica Igreja universal; para a efetiva participação dos Bispos no governo central da Igreja, ou devem

> ser fundadas comissões episcopais para determinados problemas, ou deve-se criar um Conselho de bispos de todo o mundo que o Papa chama a si; 4) as Conferências Episcopais: além das Conferências nacionais existem também órgãos intercontinentais. Lendo o texto como está, o Orador teme uma centralização ainda mais forte e aumento de pessoal da Cúria Romana. (*Id.*, 1964, p. 229)

Seguramente, uma das reflexões que alcançam uma síntese daquilo que o Concílio significou de consciência eclesial sobre a Igreja Católica pode ser vista nestas ponderações de Artur Elchinger, bispo coadjutor de Estrasburgo, na França:

> Ontem considerávamos a Igreja sobretudo como instituição, hoje a sentimos como comunhão; ontem olhávamos para o Papa, hoje consideramos mais os bispos reunidos em torno do Papa; ontem estudava-se o bispo isoladamente, hoje ele é visto no conjunto do Colégio episcopal; ontem a teologia afirmava o valor da hierarquia, hoje ela descobre o Povo de Deus; ontem acentuávamos o que separa, hoje preferimos ver o que une; ontem a teologia da Igreja considerava a vida interna, hoje ela se volta para o exterior. (KLOPPENBURG, 1963, p. 233-234)

Portanto, a partir desse referencial teórico e histórico, chegamos ao Concílio Vaticano II que representa um divisor meridiano de águas, pois com ele é superada a mentalidade eclesial de Cristandade que atravessou séculos na vida do ocidente cristão. No dizer de Víctor Codina, o evento conciliar representou o "*réquiem* do constantinismo". A postura contundente do Vat. II está não em permitir uma identificação automática da Igreja de Cristo com a Igreja Católica, mas em indicar que aquela "subsiste" na Igreja Católica (LG 8b). Na verdade, sua preocupação primária é de desenvolver as características da Igreja de Cristo e não fazer uma tratativa calculista ou apologética de um organismo burocrático-religioso.

No entanto, o Concílio não desmerece o valor e o caráter institucional da Igreja de Cristo; tanto que afirma da Igreja o fato de ser simultaneamente visível e espiritual (LG 8). Ela contém elementos contrastantes, mas não incompatíveis, devido a sua natureza mistérica – é o *complexio oppositorum*. Justamente por isso, por uma mera analogia, a Igreja ao modo da encarnação do Verbo também necessita de um corpo, ou seja, reconhece-se a função e o significado que as estruturas e leis têm na vida eclesial. Porém, o Concílio não lhes dá primazia ou atribuição de identidade e definição da vida cristã. Sobre isso reflete uma madura e sensata consciência de que:

> É por necessidade intrínseca que a experiência da fé se institucionaliza. Sem esse processo de institucionalização a igreja permaneceria escondida na interioridade dos fiéis e nada significaria para a sociedade e para o conjunto da vida humana. (DIANICH; NOCETI, 2007, p. 615)

De modo que o dado significativo é que, para a LG, a estrutura institucional existe na Igreja para o serviço do Espírito de Cristo, do qual aquela recebe a vida. Caso contrário, sozinha, ela estaria morta, pois não teria sentido de existir.

Destarte, o equilíbrio que o Vat. II expressa, fruto de um percurso bimilenar que foi feito, está em reconhecer que a Igreja como realidade complexa comporta o elemento divino e humano (LG 8a). De modo que

> o que repugna totalmente ao Concílio é a dissociação desses elementos: uma Igreja ideal, de beleza imaterial e pairando no azul do céu às voltas com um corpo jurídico constituído, a brandir

> leis e sanções, todo cheio de mesquinhas fraquezas humanas, próprias para desencorajar qualquer simpatia. Um tal separatismo praticamente redunda numa cisão total entre a Igreja visível e a invisível, e portanto, no estabelecimento de duas Igrejas. (PHILIPS, 1968, p. 130)

Igualmente, comparado ao concílio anterior, agora a Igreja Católica é citada como sendo "governada pelo sucessor de Pedro e pelos Bispos em comunhão com ele" (LG 8b). Isso reflete uma opção por não reproduzir sistemas de governo exclusivamente monárquicos como seu modelo organizacional.

Reveste-se de particular importância o fato de o Vat. II, sem relativizar a importância e singularidade da Igreja Católica, reconhecer que existem outras comunidades que também podem ser consideradas como pertencentes à Igreja de Cristo (UR 13). Ademais, o Vat. II admite que a catolicidade é um atributo do Povo de Deus do qual a Igreja, que tem em Roma sua referência, não está excluída (LG 13b). No entanto, afirma que os elementos que compõem a Igreja de Cristo, acabam em última instância, "impelindo à unidade católica" (LG 8b; 13e), que não se localiza necessária e exclusivamente em uma instituição eclesiástica. Ao tratar da relação da Igreja com o mundo, admite-se que "a Igreja Católica de boa vontade aprecia muito o que as outras Igrejas cristãs ou comunidades eclesiásticas realizaram e realizam em trabalho conjunto para o cumprimento da mesma missão" (GS 40d).

Certamente, em LG 14a persiste ainda algum resíduo de uma teologia tridentina que exclui da salvação as pessoas que não estiverem dentro dos quadros institucionais da Igreja Católica. O contraste de perspectiva eclesial neste trecho do documento conciliar é notável, pois afirma-se "que a Igreja Católica foi fundada por Deus através de Jesus Cristo como instituição necessária", ao passo que em LG 5a, tratando do mistério de sua fundação, os padres conciliares sentenciam que "o Senhor Jesus iniciou sua Igreja pregando a boa-nova, isto é, o advento do Reino de Deus". São enfoques bastante diferentes que refletem as mentalidades eclesiais contrastantes dentro da aula conciliar.

A Igreja Católica, conforme é assegurado pela óptica do Vat. II, não é o resultado da soma das igrejas particulares ou locais (LG 23a). Independentemente da sua multiplicação em todo o orbe, ela é por natureza católica e una. E em termos bastante práticos e inteligíveis, vemos que a consciência conciliar do Vat. II está em demonstrar a instituição divina da Igreja e sua constituição humana, que requerem continuamente ajustes para responder à altura de sua finalidade e missão no mundo. Nesse sentido, é muito iluminador que o Concílio constate a contribuição que a sociedade pode oferecer também à Igreja. Assim, afirmam os padres conciliares:

> Tendo uma estrutura social visível, sinal de sua unidade em Cristo, a Igreja pode enriquecer-se e de fato se enriquece também com a evolução da vida humana social, não porque lhe falte alguma coisa em sua constituição que lhe foi dada por Cristo, mas para conhecê-la mais profundamente, melhor exprimi-la e adaptá-la de modo mais feliz aos nossos tempos. Ela compreende de bom grado que recebe, na sua comunidade, não menos que em cada um de seus filhos, auxílio variado dos homens de todas as classes e condições. (GS 44c)

Por conseguinte, tal reconhecimento nos remete à consciência de que, apesar do incentivo e da posição conciliar, faltou à Igreja assumir em suas configurações aquilo que apresentou e propôs à vida das sociedades, bem como traduzir em suas instituições as boas proposições e intuições teológicas que se depreendem dos seus textos. Em termos organizacionais, o que chama a atenção ainda no complexo católico-administrativo é a centralização e personalização do poder, além da impessoalidade de decisões e contatos. Por isso se sentencia que:

> Enquanto conceitos organizacionais contemporâneos recomendam competências claras, a delegação de competências, a intervenção de instâncias maiores apenas em casos excepcionais e o desenvolvimento de regras para a liquidação de casos de rotina para lidar com a crescente complexidade dos ambientes organizacionais, não encontramos quase nada disso na Cúria [...] Nesse sentido, a forma hierárquica burocratizada frequentemente atribuída à Igreja romana é ainda um eufemismo; a administração condiz mais, em grandes partes, com uma forma pré-moderna, palaciana – portanto, não isenta de arbitrariedade pessoal – de produção de decisões compulsórias para a Igreja no mundo. (KAUFMANN, 2013, p. 135-136)

Se, por um lado, é inevitável à Igreja Católica sua dimensão institucional, por outro lado, o Concílio capta perfeitamente que deverá viver isso sendo "sinal e instrumento do Reino de Deus", ou seja, não permitindo que seu aparato, suas estruturas e opções tenham as mesmas justificativas de outra instituição humana qualquer. O próprio Concílio corroborou isso ao promover diretamente a criação de instituições (sínodo dos bispos e concílios – CD 36b, incentivo à criação das conferências episcopais etc.) que fossem capazes de veicular um tempo novo na vida eclesial marcado por uma consciência de que todos formamos a Igreja e que sua meta é realmente o Reino. Em outros termos, é preciso que a Igreja delineada pelo Concílio seja uma "instituição aberta", isto é, capaz de assumir as diferenças dos diversos carismas e ministérios presentes em seu seio. A aposta do Concílio estava em que cada membro da Igreja fosse um "sujeito ativo" no desempenho da missão eclesial no mundo.

Em suma, vale recordar que o Vat. II aponta um caminho que permanece de extrema atualidade no meio eclesial:

> A Igreja torna-se o sinal daquela fraternidade que permite e consolida um diálogo sincero. Isto, porém, requer, em primeiro lugar, que promovamos no seio da própria Igreja a mútua estima, respeito e concórdia, admitindo toda a diversidade legítima, para que se estabeleça um diálogo cada vez mais frutífero entre todos os que constituem o único Povo de Deus, sejam os pastores, sejam os demais cristãos. (GS 92a-b)

Indubitavelmente, a identidade do que era ser católico a partir do paradigma eclesiológico tridentino e do Vat. I é muito diferente do que caracteriza o cristão que assume o espírito do Vat. II. Neste último caso, prevalece a postura de diálogo com o mundo e de participação na vida eclesial de maneira consciente e adulta. Todavia, no pós-Concílio alguns movimentos espiritualistas optaram por retomar "valores" que se acreditavam superados e que correspondiam ao citado paradigma pré-conciliar, ou seja, preferiram a supervalorização dos sinais exteriores da vida eclesial e de fé, ao engajamento como sinal e testemunho no mundo moderno e plural.

Ora, a amplidão de horizonte ecumênico se percebe no fato de que os demais cristãos das outras Igrejas, mesmo não tendo unidade jurisdicional com a Igreja Católica, mantêm uma ligação dentro do Povo de Deus: pelo batismo, pela Sagrada Escritura, pela fé no Deus trino, pela celebração dos sacramentos, especialmente da Eucaristia, pela comunhão na prece e no Espírito Santo etc. (LG 15; UR 3). Antes das características institucionais de pertença à Igreja, aparece um critério espiritual – estar cheio do Espírito Santo (LG 14b). Nesse sentido, é significativo a referência que se faz a Agostinho: "Não se salva contudo, embora incorporado à Igreja, aquele que, não perseverando na caridade, permanece no seio da Igreja 'com o corpo', mas não 'com o coração' " (LG 14b). Isso aponta para o princípio de que a pertença somente externa, sem vínculo existencial, não é garantia de salvação.

À guisa de conclusão, é preciso reconhecer e admitir que a imagem de Igreja Católica que emerge do Concílio é mais de uma servidora da humanidade que de uma instituição forte e poderosa que se basta a si mesma. O Concílio deu primazia ao comunitário sem desmerecer o organizacional, mas colocando esse a serviço daquele. Em última instância, a partir da óptica conciliar a excelência da Igreja Católica tem mais a ver com o seu testemunho de fé, serviço e amor ao mundo que de pura eficiência organizacional. Em outras palavras, é a consciência de que o institucional é um elemento eclesial, mas não o institucionalismo, pois este torna a Igreja uma instituição total. Ao passo que a fisionomia eclesial que desborda do Vat. II é a mistérica e comunitária.

3. Exame breve e geral do Concílio Vaticano II

A partir daqui, nosso escopo será realizar uma espécie de inventário daquilo que o Concílio propiciou, ou seja, queremos ponderar sob vários ângulos o que realmente produziu e significou este evento de magnitude infindável na vida eclesial.

3.1 *Contribuições memoráveis e irrenunciáveis*

A ideia de que o Vat. II representou o fim de uma era é bastante evocada por todos que se dedicam a estudar o Concílio e a história da Igreja. De fato, o último concílio é sem dúvida um divisor de águas na vida da Igreja. Seu mérito está sobretudo em pôr fim à Igreja da Cristandade.

Embora já tenhamos exposto demasiadamente sobre isso, nunca é demais sublinhar que uma contribuição ímpar e definitivamente importante do Vat. II tenha sido a de resgatar a Igreja como Povo de Deus. Impossível não perceber as consequências altamente positivas decorrentes desta opção eclesiológica inovadora que favorece a participação e defende os direitos de todos os membros da Igreja. Acima de tudo, concebe a Igreja como servidora da humanidade e dos povos.

Na esteira do que foi afirmado acima, está a consciência de que, sem o laicato, a Igreja não existe, não somente por uma questão de maioria, mas porque a natureza da Igreja é evangelizar os povos. A partir daí, todas as pessoas passam a fazer parte da Igreja que é Povo de Deus. Ora, o Vat. II recuperou a devida importância de todos que não são ministros ordenados, mas que nem por isso estão em uma posição inferior na Igreja. Portanto, neste concílio, o laicato emerge com maior espaço, sobretudo a partir daquilo que lhe é próprio – fomentar o Reino no mundo. Obviamente, sem esquecer que também internamente o laicato também deve gozar de reconhecimento e direitos. Em um mundo pluralista e com tantas expressões religiosas como o nosso, o Vat. II soube reconhecer a importância do diálogo e da tolerância entre as Igrejas e as religiões. Mais que se dobrar ao relativismo, isso significou disposição a querer se comprometer com outros para a construção de um mundo melhor e de paz, no qual as religiões e igrejas são sempre meios que podem contribuir muito.

Embora todos os concílios tenham sido realizados com a participação e presença de bispos católicos de mundo inteiro, apenas o Vat. II dedicou-se a tratar e valorizar o ministério destes. E ao recuperar este carisma específico o fez de modo ainda mais nobre, ou seja, enfatizando a colegialidade episcopal, possibilitando que isso incidisse em várias instâncias da vida eclesial.

Seguramente no quesito de opção pelos pobres, ao modo daquilo que fez a Igreja na América Latina, o Vat. II não avançou tanto quanto poderia. Ainda que tenha mencionado tangencialmente os pobres, foi tímido em afirmar e defender a opção evangélica por eles. Todavia, o Vat. II favoreceu que se viesse à tona o sonho de a Igreja ser a "Igreja dos pobres". Os desdobramentos posteriores têm a sua raiz naquilo que foi plantado e cultivado neste concílio.

É sobejamente sabido que ao evocar o Vat. II, a primeira coisa que uma pessoa comum se recorda dele é a respeito da liturgia. Trata-se do modo como se celebrava antes, como se realizam os ritos, as vestimentas que se utilizavam, a língua com a qual se celebrava e que era desconhecida de grande parte da assembleia etc. O pano de fundo para toda a mudança produzida neste campo foi o desejo de uma melhor participação na vida litúrgica da Igreja. Com isso abriu-se espaço para a valorização dos símbolos e palavras compreensíveis hoje.

A Igreja tem o mérito de ter conservado e cuidado da Palavra de Deus por tanto tempo. Se a Palavra chegou até nós, foi devido a essa transmissão que recebemos. Porém, infelizmente, no decorrer dos séculos outras leis de caráter exclusivamente humano foram eclipsando o lugar da Palavra. O Vat. II recolocou novamente a Palavra no centro da vida cristã, dando-lhe a devida primazia. Ela tornou-se a "alma da Teologia" e a luz para toda forma de vida cristã. Em palavras bem simples, o Vat. II possibilitou que a Bíblia estivesse nas mãos e no coração da nossa gente.

3.2 *Resistências e retrocessos: "a volta à grande disciplina"*

Em tempos não muito remotos dos nossos, percebeu-se que a "recepção" do Concílio enfrentava ventos contrários, tornando-se difícil remar a barca na direção dos novos horizontes desbravados a partir do Vat. II. Usando-se de resíduos textuais de uma eclesiologia mais tradicionalista, manipulava-se a letra conciliar. Com isso, abateu-se sobre a Igreja um inverno muito rigoroso. Abaixo elencamos algumas situações que refletem isso. Não iremos aprofundar cada uma delas porque isso demandaria muito espaço, mas elas são por si bastante eloquentes. Felizmente, já não representam a conjuntura eclesial do pontificado do Papa Francisco, mas fazemos questão de apresentá-las para que sirvam de referencial histórico:

a. centralização no governo eclesiástico;
b. enfraquecimento da colegialidade episcopal;
c. grande preocupação com a ortodoxia e medo do relativismo;
d. concessões aos grupos lefebvristas e, em contrapartida, censura a alguns teólogos;
e. medo dos ministérios laicais;
f. freio no ecumenismo;
g. nomeação de bispos mais seguros que proféticos;
h. conflitos com congregações religiosas abertas;
i. promulgação do catecismo da Igreja Católica;
j. preocupação maior com o institucional que com o comunitário e carismático.

3.3 *Lacunas e limites que reclamam avanços ulteriores*

Ainda que sem condições de aprofundar cada uma das afirmações abaixo, mas visando atingir uma análise menos parcial, indicamos também algumas carências e fragilidades do Concílio que aguardam ainda por resoluções, explicitações ou melhor compreensões. Na verdade, esse é o processo normal de "recepção" de algo tão rico e ao mesmo tempo, tão complexo como um concílio. E nesta nova estação eclesial que estamos vivendo com o Papa Francisco, algumas destas lacunas e limites estão sendo tomadas a sério a fim de nos deixarmos guiar pelo espírito do Vat. II. Este que sem dúvida ultrapassa a própria letra.

1. Criação de estruturas efetivas de participação na Igreja – descentralização no governo, nas decisões etc.
2. Estruturas efetivas de colegialidade episcopal.
3. Maior autonomia às conferências episcopais e igrejas locais.
4. Uma fisionomia moderna do papado e da cúria.
5. Maior espaço e reconhecimento para a mulher na Igreja.
6. Laicato mais ativo na Igreja.
7. Diálogo com as ciências e com a biogenética.
8. Abertura à causa ecológica.
9. Melhor formação do clero.
10. Maior empenho na opção pelos pobres.
11. Superposição de duas eclesiologias: jurídico-institucional e mistério de comunhão.
12. Explicitação insuficiente da natureza das Igrejas particulares na LG.
13. Tom exageradamente otimista de GS em relação ao mundo.
14. Pouca atenção ao tema dos empobrecidos nos textos conclusivos.
15. Textos muito analíticos e poucos sintéticos.
16. Um concílio mais reformador que profético.
17. Temas como Juventude, Catequese etc. nem foram mencionados.

Portanto, depois de 50 anos do encerramento do Concílio, obviamente é perceptível também certa superação do uso de sua linguagem. Sobretudo ao considerarmos a rapidez das transformações advindas com o uso das tecnologias, os novos vocábulos incorporados e os desafios que surgiram a partir disso. Por isso não se estranhe haver quem saliente que nem tudo é atual no Concílio (*cf.* BORGHI, 2012).

3.4 Populorum progressio: *saldando uma dívida*

A carta encíclica *Populorum progressio* (PP) do Papa Paulo VI, publicada em 26 de março de 1967, sobre o desenvolvimento dos povos, para ser bem entendida deve ser vista dentro de sua moldura histórica. Em outros termos, é preciso considerar sua intrínseca ligação com o Concílio Vaticano II, concluído em 1965, e com a Conferência Geral do episcopado da América Latina, realizada em Medellín, na Colômbia, em 1968. Ambos os acontecimentos contaram com a presença do Papa Paulo VI no encerramento do primeiro e na abertura do segundo, realizados por ele.

Durante o Vat. II, inúmeros episcopados fizeram um apelo à Igreja para que houvesse nela um despertar de consciência e serviço para se alcançar a justiça social no mundo. Nesse sentido, foi decisiva a influência do grupo informal chamado de "Igreja dos pobres". Importa destacar que o padre Louis-Joseph Lebret, frade dominicano *expert* em economia, planejamento e questões urbanas, e dom Helder Camara cobraram do Papa Paulo VI um tratamento do Concílio sobre a situação social de pobreza presente em tantas regiões do globo. Eles acreditavam que a temática da "Igreja dos pobres" havia aparecido somente de maneira implícita e indireta, com exceção de LG8. Então, o Papa teria feito a promessa de uma encíclica sobre este assunto.

Assim surgiu a *Populorum progressio*, que se deve ao texto feito pelo padre Lebret e dom Helder.

Além disso, a conjuntura social do continente latino-americano e de outras regiões serviu de âncora e respaldo para as principais constatações que a Encíclica retratava, ou seja, a realidade de países que, embora independentes politicamente, sofriam pela herança do passado colonialista, mormente pelo viés econômico-social. Aliás, a década de 1960 estava marcada, por um lado, pelo progresso, e por outro, por conflitos e marginalizações de povos inteiros. Posteriormente, o episcopado latino-americano fez eco ao documento e aprofundou esta linha de raciocínio sobre o desigual desenvolvimento dos povos, assumindo compromissos de libertação frente às várias expressões de opressão.

Ainda que a Encíclica se caracterize como exortativa, prevalece nela uma linguagem pragmática e direta. Não se omite em apontar os erros do sistema econômico internacional. Despertou polêmica e reações ao admitir o direito dos povos à "insurreição revolucionária, em casos de tirania evidente e prolongada que ofendesse gravemente os direitos fundamentais da pessoa humana e prejudicasse o bem comum do país" (PP 31). Por isso, não faltaram resistências e críticas ao texto. No Brasil, os militares vetaram a leitura e distribuição da Encíclica até mesmo em paróquias.

O conceito de desenvolvimento é indubitavelmente uma ideia relevante que perpassa toda o texto, e por isso, é preciso entendê-lo adequadamente. Trata-se do desenvolvimento integral, daí não se restringir apenas ao progresso econômico (PP 14). Deverá ser acompanhado por um crescimento que englobe tanto a esfera espiritual, como a do saber, da cultura e da satisfação das necessidades básicas da vida humana. Portanto, na perspectiva da Encíclica, o "desenvolvimento autêntico" é o que "promove todos os homens e o homem todo". É exatamente isso que compõe a visão ética e cristã sobre o desenvolvimento.

Por fim, após décadas de sua publicação, é óbvio que esta encíclica ainda conserva sua atualidade pelas grandes intuições que contém e pela profecia da qual é portadora. A título de exemplo, basta conferir afirmações como a que segue: "Os povos da fome dirigem-se hoje, de modo dramático, aos povos da opulência" (PP 3). E citando santo Ambrósio, afirma: "A terra foi dada a todos e não apenas aos ricos" (PP 23). Todavia, hodiernamente a compreensão da realidade social dentro da qual se busca o progresso dos povos tornou-se ainda mais complexa. Assim, será preciso tomar como pressuposto a rica contribuição desta encíclica conjugando-a com os novos desafios que temos atualmente, a fim de que emerja um campo auspicioso e fraterno de ação socioeclesial que seja solidária e humanizadora a todos os povos, especialmente aos pobres. Pois foram estes contornos que sempre delinearam a doutrina social da Igreja.

4. Sob o crivo eclesiológico do Vat. II

Uma análise em termos exclusiva e especificamente eclesiológicos nos permite entrever que a vida eclesial foi diretamente atingida, isto é, foi tomada como o principal objeto de reflexão dos padres conciliares. O que estava em pauta era o modo de se entender e de ser Igreja. Em outras palavras, a temática eclesiológica ocupou o centro das discussões e das argumentações em aula conciliar.

Todavia,

> o Vaticano II nunca teve tentações "conciliaristas": a assembleia manteve constantemente uma atitude de afeição tanto para com João XXIII quanto para com Paulo VI. Também nos "casos-limite", quando a orientação do concílio foi diferente da

> do Papa, nunca houve conflito. O conhecimento crítico da história do concílio mostra que foi a conciliaridade o conteúdo primário e preliminar do Vaticano II e da sua herança e, portanto, é ela a perspectiva correta da sua recepção sob o impulso do Espírito. (ALBERIGO, 2005, p. 443)

É com este pano de fundo que devemos considerar sua grandeza e envergadura teológico-eclesial.

4.1 *O Vat. II inaugurou o início da modernidade para a Igreja*

Retomando alguns dos elementos já vistos anteriormente e apresentando-os em forma de síntese relativa ao alcance do Vat. II em termos eclesiológicos, poderemos perceber melhor a passagem que este evento eclesial representou, as sendas que abriu para novos desbravamentos e as resistências que enfrentou. É salutar não atribuir uma relação de causa e consequência negativa na relação entre modernidade e Cristianismo, mas de perceber o elemento de crise como gestor de uma nova fase eclesial (*cf.* TORRES QUEIRUGA, 2003).

Assim, a modernidade na Igreja foi então iniciada pelo Vat. II. Por isso, há quem considere que este concílio inaugurou o terceiro milênio do Cristianismo, de modo que a eclesiologia moderna se centra no conceito de comunidade. Frente ao clericalismo que fora reinante até então, afirmou-se antes de tudo que a Igreja é Povo de Deus. Diante de um perfil juridicista, próprio de uma Igreja que se entendia como "sociedade perfeita", proclamou-se a Igreja como sacramento de salvação. Abdicando de uma postura triunfalista, a Igreja do Vat. II, apresentou-se como peregrina, dialogante com o mundo, caminhando em direção à escatologia.

Dessa maneira, o seu sujeito social é o moderno, típico dos países desenvolvidos, com concepção secular, democrática, neoliberal, de tecnologia avançada. É uma eclesiologia que responde a todo um movimento que desde o Renascimento, o Iluminismo e a Revolução Francesa, mudou a mentalidade do mundo ocidental em moderno. Este modelo compila o melhor da eclesiologia bíblica e patrística dos primeiros séculos. Porém, a contestação a este modelo eclesial surge dos grupos conservadores que, ou se separaram da Igreja do Vat. II, ou tentam construir uma nova cristandade apostando na involução do Concílio (CODINA, 1993, p. 214-216).

A modo de síntese do seu singular valor nota-se que

> O Vaticano II pôs os alicerces de uma nova eclesiologia voltada para a Bíblia, a tradição do primeiro milênio e a permanência do fermento de liberdade escondido durante o segundo milênio sob a teoria e a estrutura oficial do modelo gregoriano. (COMBLIN, 1998, p. 298)

4.2 *O Vat. II ofereceu os fundamentos para uma eclesiologia libertadora*

Embora não se possa, anacrônica nem inverossimilmente, afirmar que o Concílio produziu uma eclesiologia totalmente libertadora, faz-se mister reconhecer que esta encontrará nele suas bases e fundamentos. Dificilmente chegaríamos à uma concepção de Igreja mais comprometida com a libertação sem o aval que recebemos do Vat. II. Portanto, ele representou as primeiras rupturas necessárias e os primeiros movimentos em direção a uma Igreja renovada e aliada do ser humano em sua luta por mais vida e justiça dentro da sociedade.

Assim, na América Latina e, em outros lugares do Terceiro Mundo, à luz das conferências episcopais de Medellín e Puebla ocorreu uma recepção criativa e seletiva do Vat. II. Pode-se considerar que o contexto social e político foi decisivo e determinante para a interpretação feita às diretrizes conciliares. A eclesiologia que se delineia aqui tem seu centro na solidariedade com os pobres que são as principais vítimas de um sistema injusto e opressor. Portanto, retomam-se os grandes temas do Vat. II., com peculiar e novo enfoque: a Igreja é Povo de Deus, mas povo nascido no êxodo e que caminha em direção à sua libertação; a Igreja é sacramento de salvação, mas tem na Igreja dos pobres sua forma histórica, visível e concreta; Igreja que dialoga com o mundo, sobretudo com o mundo dos pobres e caminha para a escatologia, mas desejando antecipar sinais de vida na História.

Por sua vez, o sujeito social nesta perspectiva eclesiológica é o mundo popular e dos pobres, a pessoa reduzida a condições desumanas de vida. É o sujeito social emergente no chamado Segundo Iluminismo. Por conseguinte, a contestação a este tipo de eclesiologia surge de setores dominantes da sociedade, que veem nela uma influência marxista sob capa religiosa, e também é incompreendida por setores eclesiais que, ao não experimentarem de perto a miséria do Terceiro Mundo, temem, infundadamente, desvios teológicos e cismas eclesiais

Não obstante toda oposição e crítica existentes a este modelo eclesial, é inadmissível não reconhecer nele o caráter inovador e essencialmente cristológico. Afinal, ele responde muito bem às intenções conciliares globais de "volta às fontes" ao recolher o melhor da tradição profética da história bíblica e patrística. Aliás, justiça seja feita, tal eclesiologia recupera, inclusive, elementos que o Vat. II não pôde chegar a plasmar (CODINA, 1993, p. 214-216).

Aquilo que, no Concílio, teve apenas uma rápida menção ou foi uma proposição genérica, passou a ganhar corpo e a inaugurar novas práticas eclesiais.

5. Conflitos de hermenêutica

Não poderíamos negligenciar uma menção, ainda que rápida, à questão da hermenêutica do Concílio Vaticano II. Pois, ela se constitui um nódulo significativo na perspectiva de compreensão do evento conciliar. E há uma abundância de textos e bibliografias sobre este assunto. A pergunta que emerge quase espontaneamente é: por que existe uma diversidade tão grande de interpretações? Isso é facilmente compreensível pela simples razão que "um evento histórico, um texto literário, um dado científico sempre pode desvelar, ou mesmo ocultar, características ou compreensões anteriores porque vistas em outras perspectivas" (MIRANDA, 2013, p. 99). Afinal, "as diversas compreensões desse Concílio resultam da diversidade das perspectivas, fundamentadas por sua vez em determinados critérios hermenêuticos" (*Ibid.*, p. 100).

Há critérios subjacentes às diversas interpretações e compreensões que se tem sobre o Concílio: o critério de intenção, o critério de caráter pastoral e o que mais recentemente se chama de a tríplice fonte interpretativa para o Vat. II, ou seja, a hermenêutica dos autores, do texto e dos receptores (*Ibid.*, 2013, p. 100-102). Tudo isso deve ser levado em conta no momento de se analisar e julgar o "material conciliar" a fim de se alcançar o maior grau possível de imparcialidade.

Geralmente em torno de datas celebrativas do evento conciliar, surgem movimentações para oferecer a melhor e mais adequada interpretação de seu alcance e dos significados de seus textos. Conforme já indicado, assim foi em 1985 com o sínodo extraordinário dos bispos. E a celebração dos 50 anos de seu encerramento também despertou clima semelhante pela busca da melhor interpretação. Nesse sentido, é muito adequada a classificação que faz H.-J. Pottmeyer das três etapas na recepção do Concílio: a) época de euforia (até 1968); b) anos de decepção; c) fase de síntese.

Portanto, estamos há algum tempo em meio às querelas hermenêuticas do Vat. II, e quiçá, vivendo uma tentativa de síntese. A diversidade de hermenêuticas e as aporias que nascem em torno disso não é exclusivo deste último concílio, pois o mesmo fenômeno pode ser observado nos grandes concílios passados como os de Niceia, Calcedônia e Vat. I. Nesse sentido, a maioria dos teólogos defendem a atualidade do Concílio, vendo-o como evento histórico e ponto de partida para outras transformações eclesiais. Todavia, sabe-se que esta posição não reflete nenhuma unanimidade no interior da Igreja. Dessa forma, na atualidade encontramos diferentes "convivências" com o Vat. II (*cf.* SUESS, 2012). Que em forma ilustrativa e breve são as seguintes:

1º	a não recepção – por exemplo entre a Fraternidade Pio X. Seus membros entendem que é uma Reforma que inclui continuidade e ruptura;
2º	a recepção modernizante, porém essencialmente conservadora;
3º	a recepção conclusiva, como se o Vat. II fosse um ponto final;
4º	a recepção seletiva e estratégica pelo setor de movimentos pentecostais e fundamentalistas;
5º	a recepção dinâmica na linha de uma pastoral de libertação e participação dos pobres (ao modo de Medellín e das outras conferências).

Assim, diante do dilema de o Vat. II representar continuidade ou descontinuidade, pode ser bastante iluminadora a assertiva de que: "Se o Vaticano II conservou a continuidade dogmática porque não definiu novos dogmas, porém, ele suscitou uma inegável descontinuidade pastoral" (BETTAZZI, 2006, p. 21-23). A Igreja não faz e não poderá fazer pastoral do modo que fazia antes do Concílio. Há novas exigências, novos desafios, novos problemas que requerem posturas novas, respostas novas etc. Não se pode mais insistir com respostas velhas frente aos questionamentos que surgem hodiernamente.

Portanto, ao se levar em consideração todo este conjunto de elementos que conjugam com a realidade eclesial, nota-se que o Concílio Vaticano II não é ponto de chegada, mas de *partida*. Por isso é necessário:

- continuar *revisitando* e bebendo desta fonte;
- manter-se em *fidelidade criativa* com esse patrimônio histórico-eclesial.

Admite-se que, em termos oficiais, a influência e peso da Igreja latino-americana no Concílio foi mínima. As intervenções durante o concílio de bispos brasileiros foram 19. No entanto, o destaque foi o aproveitamento que se fez da estrutura do Conselho Episcopal Latino-Americano (Celam) para a articulação do episcopado latino-americano, e para a preparação do episcopado brasileiro, que ao término do Concílio já tinha elaborado um plano de aplicação do mesmo (Plano Pastoral de Conjunto - PCC, de 1965, que em seis linhas resume as orientações conciliares para a realidade brasileira). Durante a última sessão conciliar, os bispos brasileiros tiveram uma assembleia permanente da Conferência Nacional do Bispos do Brasil (CNBB). Com isso, puderam elaborar bem e discutir muito esse plano, que recebeu a aprovação unânime (coisa que nem o Concílio obteve). Até mesmo expoentes do conservadorismo, como dom Castro Maier e dom Sigaud, assinaram. E antes de irem para o Concílio, os bispos brasileiros já haviam elaborado o Plano de Emergência (PE 1962), que denotava uma certa sintonia de rumo pastoral.

Dessa maneira, sem nenhum tipo de ufanismo ou orgulho desmedido, não se pode deixar de reconhecer que apenas a Igreja do Brasil, ao terminar o Concílio, tinha um plano de ação para aplicá-lo. Isso reflete um genuíno esforço de ser uma Igreja pioneira, que desde o primeiro momento valorizou e se empenhou pela aplicação e recepção do Concílio.

Um grupo de bispos, inclusive latino-americanos, após o Concílio, na catacumba de santa Domitila, assinaram o "pacto das catacumbas" como compromisso de viver o espírito conciliar – expresso em 13 pontos. Até hoje um grupo de 30 bispos continua se reunindo anualmente em São Paulo com base nesse espírito. Alguns não participaram do Concílio, mas assumiram essa perspectiva de vivência ministerial e eclesial.

Portanto, ao se colocar a questão de qual hermenêutica se deve adotar em relação ao Concílio Vaticano II, faz-se mister levar em conta toda a trajetória assumida por igrejas concretas e comunidades reais. Definitivamente, o Vat. II inaugurou e significou um outro modo de agir pastoralmente. Qualquer balanço sobre o Concílio deve levar isso em conta. E qualquer transformação a ser implantada deverá tomar isso como ponto de partida para que haja sempre mais progressos, e não retrocessos que negam as conquistas já alcançadas.

6. Nova estação eclesial

A renúncia do Papa Bento XVI, em 28 fevereiro de 2013, foi algo que ultrapassou o simples fato de alguém que deixaria de exercer um cargo na Igreja Católica. Teve o alcance simbólico de inaugurar uma conotação mais humanizadora ao papado e, mais especificamente, de tornar público que decididamente era necessário ter coragem para se fazerem opções importantes para o futuro da Igreja.

É dentro desse contexto que surge a figura do cardeal Jorge Mario Bergoglio sendo eleito Papa no dia 13 de março de 2013. Tudo é muito carregado de significado em torno disso, pois é o primeiro Papa latino-americano, primeiro Papa jesuíta e primeiro a escolher um nome tão programático e simpático – Francisco!

Portanto, sob a liderança do Papa Francisco parece começar uma nova estação eclesial na Igreja. Tornou-se inevitável não identificar nisso certa similaridade com o contexto conciliar que foi a primavera da Igreja. No ambiente eclesial, ao menos no religioso, é fato que se percebeu uma mudança significativa. Muitos reconheceram nos gestos, nas iniciativas e palavras do Papa Francisco uma retomada dos princípios renovadores do Concílio Vaticano II.

Por isso, dentre tantas análises e projeções que caberiam aqui, vamos expor brevemente dois pontos que merecem destaque e nos permitem entender que não poderia existir melhor presente para a comemoração do cinquentenário de encerramento do Vat. II que esta onda de renovação e esperança que a Igreja vive no momento.

Na sequência, faremos uma breve exposição de alguns textos papais oficiais que possuem gêneros literários diferenciados a fim de pinçar suas principais contribuições para a reflexão teológica e pastoral. Privilegiaremos as *encíclicas*, por serem portadoras de diretrizes bastante abrangentes para a Igreja e a sociedade, e uma *exortação apostólica*, pois a outra cujo título é *Amoris laetitia*, embora esteja perfeitamente em consonância com todo o processo de renovação e de nova impostação eclesial, não estará contemplada aqui por tratar de um âmbito mais específico, ou seja, o da família.

De forma que o texto chamado então de encíclica (que na língua latina é *encyclicae* e literalmente significa "carta circular") é um documento pontifício dirigido aos bispos de todo o mundo e, por meio deles, a todos os fiéis. É usada pelo Papa para exercer o seu magistério ordinário. Trata de matéria doutrinária em variados campos: fé, costumes, culto, doutrina social etc. A matéria nela contida não é formalmente objeto de fé, mas, a ela, se deve o religioso obséquio do assentimento exterior e interior. Logo, uma encíclica não define um novo dogma, mas atualiza a doutrina católica através de um ensinamento ou de um tema da atualidade, sendo vista como a posição da Igreja Católica referente a um determinado tema ou assunto. Por sua vez, uma exortação apostólica (*adhortatio apostolica*) é um texto menos solene que o anterior, porém não menos importante. Traz recomendações relativas a um determinado assunto a fim de animar a Igreja na vivência plena daquilo, ou seja, versa sobre família, evangelização no mundo atual etc. Geralmente é publicado depois de ter ocorrido um sínodo na Igreja.

Tendo esses elementos em conta, passamos a expor na sequência, primeiramente, algo em torno duas encíclicas do Papa Francisco e depois sobre uma de suas exortações apostólica.

6.1 Lumen fidei: *a primeira encíclica do Papa Francisco e a última de Bento XVI*

Foi considerada uma "encíclica a quatro mãos", pois vem com autoria do Papa Francisco, mas indiscutivelmente foi escrita em grande parte por Ratzinger. Algo inédito! Porém, a assinatura de Bergoglio é elemento indispensável para que seja reconhecida como encíclica. O próprio Papa Francisco admite ter dado apenas algumas contribuições: "assumo o seu precioso trabalho, limitando-me a acrescentar ao texto qualquer nova contribuição" (LF 7). Em suma, é um texto doutrinal clássico, e nisso se nota a escrita de Ratzinger. Entretanto, com detalhes que os conhecedores da linguagem eclesiástica mencionariam como "pastorais" e que, sem modificar o essencial da doutrina, deixam abertas as portas para o diálogo e a proximidade. E essa é uma atitude e uma característica de Bergoglio. Assim, o documento tem a riqueza doutrinal de Ratzinger e o calor comunicativo do Papa Francisco.

Portanto, a encíclica *Lumen fidei* (A luz da fé), com data de 29 de junho de 2013, completa na verdade as encíclicas sobre as virtudes teologais (fé, esperança e caridade) que o Papa Bento XVI se propôs a escrever durante o seu pontificado. Mas a trilogia pensada se limitou às encíclicas sobre a caridade e a esperança. Nada melhor que brindar o "ano da fé" com uma encíclica sobre esse assunto. A própria etimologia da palavra "encíclica" (que no grego é εν κύκλος e significa "em círculo") confirma, em certo sentido, que se "fechou o ciclo".

O grande objetivo da encíclica, segundo o Papa, é de "recuperar o caráter luminoso próprio da fé, pois quando sua chama se apaga, todas as outras luzes acabam por languidescer" (LF 4). Ao garantir a relevância da fé, a Encíclica não descarta que esta desperta também para o senso crítico. O pano de fundo na realidade é a preocupação com a transmissão da fé nos nossos tempos, marcados pela crise da fé. Ademais, a Encíclica destaca que a fé "tem uma configuração necessariamente eclesial" (LF 22). Por não ser uma questão privada, a fé deve ser vivida dentro da Igreja. Em síntese, a ideia-chave presente é que: "A fé não é luz que dissipa todas as nossas trevas, mas é uma lâmpada que guia nossos passos na noite e isto basta para o caminho" (LF 57). Talvez o que se pode considerar como ponto frágil do texto seja omitir a contribuição dos outros contextos e testemunhos de fé além do europeu. Ademais, faltou contemplar também as crises de fé do ser humano de hoje.

Enfim, se a Encíclica tem a finalidade de veicular o ensinamento de um Papa é preciso entender que o novo Papa faz isso também através de outros meios: declarações públicas, através de entrevistas, e por gestos testemunhais de profundo significado e alcance. Assim, ele consegue ensinar e esclarecer em qual direção deve caminhar a Igreja e como poderá viver sua missão e sua fé neste mundo.

6.2 Laudato si: *a encíclica verde sobre o cuidado da casa comum*

Esta encíclica, que se inspira na proclamação que faz Francisco de Assis no *Cântico das criaturas*, é o documento magistral mais importante da Igreja Católica desde o Vat. II até hoje (GIRAUD, 2015, p. 33-42). É a primeira vez que um Papa afronta o tema da ecologia no sentido de uma ecologia integral, ou seja, ultrapassando a temática apenas ambiental. Fala-se de ecologia integral porque abarca as esferas ambiental, econômica, social, cultural e cotidiana, com explícita referência aos pobres e pressupondo, com isso, uma ecologia humana e social. Portanto, o Papa Francisco elabora sua reflexão à luz do novo paradigma ecológico, isto é, de que tudo está conexo, em relação. Ora, nem mesmo os documentos das Nações Unidas foram capazes de fazer isso! O Papa o faz consciente da contribuição que as religiões, e em específico o Cristianismo, pode oferecer ao espaço público de discussão sobre os rumos da vida no planeta.

A *forma mentis* do Papa se deve à opção pelos pobres, contra a pobreza e a favor da libertação que consagrou o continente latino-americano. Daí a razão de utilizar também expressões que nos são caras, tais como: casa comum, mãe terra, grito da terra, grito dos pobres, cuidado, interdependência entre os seres, ecologia integral etc., e a própria metodologia que ele segue está em consonância com a tradição latino-americana – ver, julgar, agir e celebrar (L. BOFF, 2015, p. 5-20). Nesse sentido, a Encíclica tem um caráter concreto e programático, ou seja, ela não se perde em especulações, mas aponta caminhos práticos e ao alcance de todas as pessoas e grupos humanos.

A primeira preocupação do Papa Francisco não é com os zoológicos, nem com as plantinhas, mas com a "cultura do descartável" que provoca a atual situação de desastre que presenciamos. Nesse sentido, o grande desafio é o de "proteger a nossa casa comum" (LS 13). Para isso, necessitamos de uma "conversão ecológica global" (LS 5) e de uma "*cultura do cuidado* que permeie toda a sociedade" (LS 231).

Portanto, as causas dos problemas que enfrentamos são a idolatrada tecnociência (*cf.* LS 104ss), a financeirização e a economia fundada sobre a produção e o consumo ilimitados (*cf.* LS 56). Constata-se que há uma desregulamentação dos mercados financeiros. Em suma, a crítica mais radical é a da chamada "cultura do descartável".

Em contrapartida, a proposta do Papa passa por uma antropologia relacional que supere o antropocentrismo, o qual deturpa a tradição bíblica, que se baseia em uma visão mitificada da natureza (*cf.* LS 78), ou de um biocentrismo que esquece que Cristo se fez homem. A solução não é de geoengenharia e nem de mercado. Mas a economia deverá aprender a imitar a circularidade dos sistemas naturais. Pois é *conditio sine que non* a coragem política de regulamentação dos mercados financeiros.

Em síntese, o texto contém alguns eixos temáticos que perpassam a encíclica inteira:

> a relação íntima entre os pobres e a fragilidade do planeta, a convicção de que tudo está estreitamente interligado no mundo, a crítica do novo paradigma e das formas de poder que derivam da tecnologia, o convite a procurar outras maneiras de entender a economia e o progresso, o valor próprio de cada criatura, o sentido humano da ecologia, a necessidade de debates sinceros e honestos, a grave responsabilidade da política internacional e local, a cultura do descarte e a proposta de um novo estilo de vida. (LS 16)

Finalmente, embora afrontando uma realidade marcada pela complexidade, o Papa jamais deixa de ter um olhar otimista e agradecido pelo mundo criado. Ele afirma: "O mundo é algo mais do que um problema a resolver; é um mistério gozoso que contemplamos na alegria e no louvor" (LS 12). O desafio é de se criar uma "cidadania ecológica" (LS 211) e um novo estilo de vida fundado sobre o cuidado, a compaixão, a sobriedade, a aliança entre humanidade e ambiente.

6.3 *"A alegria do Evangelho" na nova etapa evangelizadora*

Trata-se de um tempo novo de evangelização da Igreja, segundo o desejo expresso do Papa Francisco; a consciência missionária tornou-se mais explícita a partir do Vat. II. No entanto, na XIII Assembleia Geral Ordinária do Sínodo dos Bispos (7 a 28 de outubro de 2012) se refletiu a partir do tema: "A nova evangelização para a transmissão da fé cristã". Portanto, é recolhendo e pressupondo todo esse percurso (uma passagem marcante e obrigatória disso é a Conferência de Aparecida) que o Papa Francisco escolheu em sua exortação apostólica discorrer sobre esse assunto. Porém, faz isso de modo descentralizado e esperando que os episcopados locais possam se desdobrar no discernimento dos problemas relativos à evangelização (*cf.* EG 16); as próprias comunidades devem estudar os sinais dos tempos (*cf.* EG 51). Ademais, o Papa faz da sua exortação um escrito autônomo e programático, sem se obrigar a simplesmente resumir o material do sínodo de 2012.

Vale recordar que o corte típico de uma exortação apostólica, diferente da encíclica, é eminentemente pastoral. A preocupação pastoral move o Papa Francisco a pedir atitudes e linguagens que permitam perceber a novidade do Evangelho (SPADARO, 2013, p. 417-433).

Importante entender que a adjetivação "nova" não diz respeito ao conteúdo da verdade cristã, mas ao modo ou modalidade através da qual a evangelização é realizada, porque a Igreja enfrenta em nossos tempos dificuldades para a transmissão da fé para as novas gerações. Sabendo que, a mensagem cristã da salvação só será acolhida como tal por essa geração à medida que incidir em seus anseios, angústias, carências, sofrimentos, busca de sentido e de realização, será necessário enfatizar no anúncio de fé que fizermos algumas verdades, esquecidas ou relegadas, mas importantes hoje (MIRANDA, 2013, p. 213-215).

Portanto, o objetivo declarado na Exortação Apostólica *A alegria do Evangelho* é esse: "Quero, com esta Exortação, dirigir-me aos fiéis cristãos a fim de convidá-los para uma *nova etapa evangelizadora* marcada por essa alegria e indicar caminhos para o percurso da Igreja nos próximos anos" (EG 1). Ademais, "escolhi propor algumas diretrizes que possam encorajar e orientar, em toda a Igreja, uma nova etapa evangelizadora, cheia de ardor e dinamismo" (EG 17).[11]

Qual é precisamente o estilo evangelizador (dinamismo missionário/pastoral em chave missionária), segundo o Papa Francisco? (*cf.* EG18). Em linhas gerais, deve se caracterizar pela *alegria* para vencer a "psicologia do túmulo, que pouco a pouco transforma os cristãos em múmias de museu" (EG 83).

Embora o Papa afirme que: "Evangelizar é tornar o Reino de Deus presente no mundo", citando a *Evangelii nuntiandi* ele adverte que: "Nenhuma definição parcial e fragmentada, porém, chegará a dar razão da realidade rica, complexa e dinâmica que é a evangelização, a não ser com o risco de a empobrecer e até mesmo de a mutilar" (EG 176). Nesse sentido, afirma o Papa que "há normas ou preceitos eclesiais que podem ter sido muitos eficazes noutras épocas, mas já não têm a mesma força educativa como canais de vida" (EG 43).

E como deverá ser a Igreja? "A Igreja 'em saída' é uma Igreja com as portas abertas [..]. A Igreja, porém, não é uma alfândega, mas a casa paterna, onde há lugar para todos com a sua vida

11 Segundo Arturo Paoli, a intenção de Francisco é dar o privilégio à caridade mais do que à ortodoxia. A atenção atual da Igreja não é dada à verdade, mas sim à caridade, ao amor.

fadigosa" (EG 46). "Não quero uma Igreja preocupada com ser o centro, e que acaba presa num emaranhado de obsessões e procedimentos" (EG 49). Ele se contrapõe igualmente a uma "Igreja como organização" (EG 95) e de uma "Igreja mundana sob vestes espirituais ou pastorais" (EG 97). "Ser Igreja significa ser Povo de Deus, de acordo com o grande projeto de amor do Pai" (EG 114). "Por isso, desejo uma Igreja pobre para os pobres. Estes têm muito para nos ensinar" (EG 198). "Que a Igreja se torne uma casa para muitos, uma mãe para todos os povos" (EG 288). Enfim, escreve o Papa: "Sonho com uma opção missionária capaz de transformar tudo, para que os costumes, os estilos, os horários, a linguagem e toda a estrutura eclesial se tornem um canal propício à evangelização do mundo atual, mais que à autopreservação" (EG 27).

Novamente renasce a esperança nessa nova fase eclesial, de modo bastante realista. Os cristãos têm o dever de anunciar sem excluir ninguém; não como quem impõe uma nova obrigação, mas como quem compartilha uma alegria, assinala um belo horizonte, oferece um banquete desejável. A Igreja não cresce por proselitismo, mas "por atração". A alegria do Evangelho é missionária e "sempre tem a dinâmica do êxodo e do dom, do sair de si, do caminhar e semear sempre de novo, sempre para mais além". Toda a ação evangelizadora autêntica é sempre "nova" (EG 11). Trata-se de evangelizar o mundo moderno, enquanto secularizado e pluralista. Trata-se de uma teologia *ad gentes, ad neopaganos...*

A evangelização é ao mesmo tempo algo necessário e difícil: a Igreja deve converter-se continuamente ao Reino para poder evangelizar como Jesus. Daí a necessidade da "conversão missionária": mudança de mentalidade eclesial por parte dos fiéis, especialmente do clero (DA213), bem como transformações estruturais vistas como obstáculos à evangelização (DA365): passar "de uma pastoral de mera conservação para uma pastoral decididamente missionária" (DA370). "Só pode ser missionário quem se sente bem, procurando o bem do próximo, desejando a felicidade dos outros" EG272. Enfim,

> os desafios existem para serem superados. Sejamos realistas, mas sem perder a alegria, a audácia e a dedicação cheia de esperança. Não deixemos que nos roubem a força missionária! (EG 109)

Esta exortação papal é uma reflexão sobre a "alegria" que provoca toda a Igreja para uma experiência de reforma, conversão e autocrítica (EG 14) - produtos raros na Igreja desses últimos anos. E tratar da alegria na Igreja não é algo novo. O Papa Paulo VI, em 1975, em sua *Exortação apostólica sobre a alegria cristã (Gaudete in Domino)* já o havia feito. Mas o que diferencia é a impostação, ou seja, relacionar essa alegria com a nova evangelização para alcançar a conversão pastoral – conversão ao "estado permanente de missão" (EG 25; DA 551). Há quem julgue que os contornos pastorais oferecidos pelo Papa são às vezes elementar e tradicional, mas outras vezes evangelicamente revolucionários e modernos, e sempre oferecendo algo da alma latino-americana (SUESS, 2014, p. 161; 170-173).

À guisa de concluir esse breve percurso pela exortação do Papa Francisco, vemos que Maria é um modelo eclesial ou que há um estilo mariano na atividade evangelizadora da Igreja por causa de sua busca de justiça, ternura, afeto e contemplação, e por sair e fazer caminho em direção aos outros (EG 288). Todavia, devemos considerar a muito apropriada advertência do Papa Francisco de que "não pode haver verdadeira evangelização sem o anúncio explícito de Jesus como Senhor" e sem existir uma "primazia do anúncio de Jesus Cristo em qualquer trabalho de evangelização" (EG 110). Isso permite considerar o verdadeiro lugar que deve ocupar cada realidade dentro do processo evangelizador.

6.4 *A orquestra está sob a batuta de um maestro carismático*

Realmente o Papa Francisco apontou, com a escolha do nome que fez, um programa de governo para a Igreja. Da maneira como impostou seu pontificado, ajudou ainda mais na desmistificação da figura papal. Se com o Papa Bento XVI já se iniciara uma visão menos sacralizadora desse ministério, com Francisco parece que se recuperou a dimensão profundamente humana desse serviço. Por conseguinte, ele se tornou um personagem importante para o resgate do espírito do Vat. II. Sobretudo porque foi capaz de estabelecer uma agenda eclesial com alguns acentos/prioridades, tais como: descentralização com base na colegialidade/sinodalidade; valorização das igrejas locais; parceria real com o laicato; concepção da Igreja como Povo de Deus e maior espaço para as mulheres; liberdade de reflexão teológica; linguagem litúrgica pertinente para os nossos tempos e nomeações de bispos que sejam pastores e não burocratas eclesiásticos.

É indubitável que o Papa sozinho não faz todas as reformas da Igreja. Ele pode ajudar a criar estruturas novas, a combater a "cultura eclesiástica" calcada no poder. Suas atitudes e seu testemunho têm uma força descomunal para a humanidade. Porém sabemos que os gestos e testemunhos, por mais edificantes que sejam, podem passar um dia. A verdadeira reforma depende do convencimento da base. Jamais se alcançam transformações reais e vitais a partir de decretos.

Assim como ocorre na realidade musical, é necessário que haja interação e sinergia, pois à medida que a harmonia e a sintonia existem, a chance de haver êxito está garantida. Sem necessidade de cancelar a polifonia que faz a beleza musical existir, é imprescindível o mínimo de consonância para que o mundo não seja indiferente à execução da orquestra eclesial. O passo subsequente a isso tem a ver com a normatização jurídica para que as intuições e os gestos proféticos pessoais do Papa se consolidem como direção, leis e uma nova postura para toda a Igreja, do presente e do futuro.

6.5 *A eclesiologia em curso do Papa Francisco*

Certamente, com base naquilo que vimos construindo ao longo desse percurso, agora estamos em condições de afrontar mais explicitamente a pergunta: qual seria a eclesiologia do Papa Francisco? Pois não nos causa mais estranheza a palavra eclesiologia nem sua adjetivação, conciliar. Por isso tornar-se-á fácil identificar que a concepção teológica do Papa Francisco sobre a Igreja condiz com as grandes linhas e opções do Concílio Vaticano II. Aliás, sem pressupor isso descaracterizaríamos sua atuação, suas palavras, seus pensamentos e gestos, de modo que essa moldura conciliar é imprescindível para entender seu pontificado. Aliás, ele se mostra muito convicto desse referencial ao afirmar: "há linhas de hermenêutica de continuidade e descontinuidade. Todavia uma coisa é clara: a dinâmica de leitura do Evangelho no hoje, que é própria do Concílio, é absolutamente irreversível" (SPADARO, 2013, p. 467).

Obviamente, ele se vale da polifonia e polissemia dos textos conciliares, mormente da *Lumen gentium* (*cf.* EG 17), mas também do patrimônio teológico-pastoral das conferências gerais do Episcopado latino-americano, especialmente daquela na qual foi um dos redatores do documento final: a Conferência de Aparecida, em 2007. Portanto, a espinha dorsal da eclesiologia do Papa Francisco é fundamentalmente conciliar e latino-americana, pois esta tradição teológico-pastoral representa uma forma seletiva e criativa da recepção e aplicação do Concílio num contexto próprio.

Com isso, estamos isentos do risco de destacar como importante uma concepção eclesiológica somente porque ela é do Papa. De fato, a visão eclesiológica de Francisco é relevante, e não por isso, mas porque recupera e revitaliza algo que pertence à Igreja inteira. É por isso que ele tem a coragem de afirmar que

> a Igreja é instituição, mas, quando se erige em "centro", se funcionaliza e, pouco a pouco, se transforma em uma ONG. Então, a Igreja pretende ter luz própria e deixa de ser aquele "*mysterium lunae*" de que nos falavam os Santos Padres. Torna-se cada vez mais autorreferencial, e se enfraquece a sua necessidade de ser missionária. De "Instituição" se transforma em "Obra". Deixa de ser Esposa, para acabar sendo Administradora; de Servidora se transforma em "Controladora". Aparecida quer uma Igreja Esposa, Mãe, Servidora, mais facilitadora da fé que controladora da fé. (Aos bispos responsáveis do Celam, p. 79)

Tendo em conta esse pano de fundo, passaremos a pontuar algumas notas que compõem a harmonia do que se pode considerar a sua eclesiologia. Essa pauta musical-eclesiológica é decerto sempre aberta, passível de outras notas e acréscimos. E aqui vale lembrar que os acentos e a ordem dos elementos, conforme serão expostos, refletem a nossa subjetividade de escolha. Na verdade, seria difícil que fosse diferente disso! Mas o importante é se tomar o conjunto do que já apresentamos, pois é isso que poderá garantir uma visão coerente com o que o Papa sonha e faz para a Igreja. Portanto, nosso escopo não é de fazer análises e balanços do seu pontificado e, muito menos, projeções. Mas tomamos por base a fase nova que ele inaugurou para a Igreja com o início de seu ministério, e o impacto que isso representou para a consciência eclesial.

Por fim, é fato incontestável que a eclesiologia do Papa Francisco não é feita somente de teorias, ideias ou concepções, mas de ações e gestos densos de significado cristológico, antropológico e eclesiológico. Francisco consegue falar tanto aos teólogos e estudiosos da Igreja, por meio de seus textos densos, diretos e provocativos, quanto às pessoas comuns que captam atentamente suas palavras, mas que valorizam sobretudo os seus gestos.

a) Igreja da proximidade e do encontro

Todos sabemos que para ter relevância e pertinência a Igreja deve se fazer próxima das pessoas e se dispor a ir ao encontro delas. Quando sobressai mais seu aspecto institucional, ela se torna fria, distante e desinteressante. É por isso que Francisco deseja que a Igreja modifique seu modo de agir na evangelização, e possa de fato deixar transparecer uma outra fisionomia e postura.

Por essa razão o Papa recorda aos bispos:

> Em Aparecida, verificam-se de forma relevante duas categorias pastorais, que surgem da própria originalidade do Evangelho e nos podem também servir de critério para avaliar o modo como vivemos eclesialmente o discipulado missionário: *a proximidade e o encontro*. Nenhuma das duas é nova, mas constituem a modalidade em que Deus se revelou na história. É o "Deus próximo" do seu povo, proximidade que atinge o ponto máximo na encarnação. É o Deus que sai ao encontro do seu povo. Na América Latina e no Caribe, existem pastorais "distantes", pastorais disciplinares que

> privilegiam os princípios, as condutas, os procedimentos organizacionais [...] obviamente sem proximidade, sem ternura, nem carinho. Ignora-se a "revolução da ternura", que provocou a encarnação do Verbo. Há pastorais estruturadas com tal dose de distância que são incapazes de atingir o encontro: encontro com Jesus Cristo, encontro com os irmãos. Deste tipo de pastoral podemos, no máximo, esperar uma dimensão de proselitismo, mas nunca levam a alcançar a inserção nem a pertença eclesiais. A proximidade cria comunhão e pertença, torna possível o encontro. A proximidade toma forma de diálogo e cria uma cultura do encontro. Uma pedra de toque para aferir a proximidade e a capacidade de encontro de uma pastoral é a homilia. Como são as nossas homilias? Estão próximas do exemplo de Nosso Senhor, que "falava como quem tem autoridade", ou são meramente perceptivas, distantes, abstratas? (Aos bispos responsáveis do Celam, 2013a, p. 79-80)

Existe certamente um caminho a ser percorrido pela Igreja a fim de vencer e superar a imagem de uma instituição autoritária e intransigente. O tempo eclesial novo de evangelização a que o Papa aspira tem mais a ver com a ternura. Por isso ele afirma:

> do que a Igreja mais tem necessidade hoje é a capacidade de curar as feridas e de aquecer o coração dos fiéis, a vizinhança, a proximidade. Eu vejo a Igreja como um hospital de campanha depois de uma batalha. (SPADARO, 2013, p. 461)

Por fim, o Papa motiva a redescoberta de que "para ser evangelizador com espírito, é preciso também desenvolver o prazer espiritual de estar próximo da vida das pessoas, até chegar a descobrir que isto se torna fonte de uma alegria superior" (EG 268). Mais que um peso ou obrigação, a proximidade e o encontro trazem uma realização a quem se dispõe a fazer isso: quem evangeliza. Além disso, o Papa tem a coragem de assentir:

> Às vezes sentimos a tentação de ser cristãos mantendo uma prudente distância das chagas do Senhor. Jesus, no entanto, quer que toquemos a miséria humana, que toquemos a carne sofredora dos outros. Espera que renunciemos a procurar aqueles abrigos pessoais ou comunitários que permitem manter-nos a distância do nó do drama humano, a fim de aceitarmos verdadeiramente entrar em contato com a vida concreta dos outros e conhecermos a força da ternura. Quando o fazemos, a vida complica-se sempre maravilhosamente e vivemos a intensa experiência de ser povo, a experiência de pertencer a um povo. (EG 270)

A Igreja que se faz próxima e solidária indo ao encontro do povo terá necessariamente ministros com "cheiro de ovelhas" (*cf.* EG 24).

b) Igreja, casa da misericórdia

O Papa proclamou um Jubileu Extraordinário da Misericórdia querendo, com isso, despertar toda a Igreja para a vivência dessa virtude humana e evangélica. É fácil reconhecer que há um real propósito de uma ação eclesial renovada nisso. Ele afirma:

> A arquitrave que suporta a vida da Igreja é a misericórdia. Toda a sua ação pastoral deveria estar envolvida pela ternura com que se dirige aos crentes; no anúncio e testemunho que oferece ao mundo, nada pode ser desprovido de misericórdia. A credibilidade da Igreja passa pela estrada do amor misericordioso e compassivo. A Igreja "vive um desejo inexaurível de oferecer misericórdia". Talvez, demasiado tempo, tenhamo-nos esquecido de apontar e viver o caminho da misericórdia. Por um lado, a tentação de pretender sempre e só a justiça fez esquecer que

> esta é apenas o primeiro passo, necessário e indispensável, mas a Igreja precisa de ir mais além a fim de alcançar uma meta mais alta e significativa. Por outro lado, é triste ver como a experiência do perdão na nossa cultura vai rareando cada vez mais. Em certos momentos, até a própria palavra parece desaparecer. Todavia, sem o testemunho do perdão, resta apenas uma vida infecunda e estéril, como se se vivesse num deserto desolador. Chegou de novo, para a Igreja, o tempo de assumir o anúncio jubiloso do perdão. É o tempo de regresso ao essencial, para cuidar das fraquezas e dificuldades dos nossos irmãos. O perdão é uma força que ressuscita para nova vida e infunde a coragem para olhar o futuro com esperança. (MV 10)

Ademais, ele afirma também que

> sem diminuir o valor do ideal evangélico, é preciso acompanhar, com misericórdia e paciência, as possíveis etapas de crescimento das pessoas, que se vão construindo dia após dia. Aos sacerdotes, lembro que o confessionário não deve ser uma câmara de tortura, mas o lugar da misericórdia do Senhor que nos incentiva a praticar o bem possível. Um pequeno passo, no meio de grandes limitações humanas, pode ser mais agradável a Deus do que a vida externamente correta de quem transcorre os seus dias sem enfrentar sérias dificuldades. A todos devem chegar a consolação e o estímulo do amor salvífico de Deus, que opera misteriosamente em cada pessoa, para além dos seus defeitos e das suas quedas. (EG 44)

Portanto,

> a Igreja é chamada a ser sempre a casa aberta do Pai. Um dos sinais concretos desta abertura é ter, por todo o lado, igrejas com as portas abertas. Assim, se alguém quiser seguir uma moção do Espírito e se aproximar à procura de Deus, não esbarrará com a frieza duma porta fechada. Mas há outras portas que também

> não se devem fechar: todos podem participar, de alguma forma, na vida eclesial, todos podem fazer parte da comunidade, e nem sequer as portas dos sacramentos se deveriam fechar por uma razão qualquer [...]. Essas convicções têm também consequências pastorais, que somos chamados a considerar com prudência e audácia. Muitas vezes, agimos como controladores da graça, e não como facilitadores. A Igreja, porém, não é uma alfândega, mas a casa paterna, onde há lugar para todos com a sua vida fadigosa. (EG 47)

Enfim, o Papa quer incutir definitivamente que "A Igreja deve ser o lugar da misericórdia gratuita, onde todos possam sentir-se acolhidos, amados, perdoados e animados a viverem segundo a vida boa do Evangelho" (EG 114). Para isso será preciso que

> voltemos a ler alguns ensinamentos da Palavra de Deus sobre a misericórdia, para que ressoem vigorosamente na vida da Igreja. O Evangelho proclama: "Felizes os misericordiosos, porque alcançarão misericórdia". (Mt 5,7) (EG 193)

Em suma, para o Papa:

> A Igreja tem a missão de anunciar a misericórdia de Deus, coração pulsante do Evangelho, que por meio dela deve chegar ao coração e à mente de cada pessoa. A Esposa de Cristo assume o comportamento do Filho de Deus, que vai ao encontro de todos sem excluir ninguém. No nosso tempo, em que a Igreja está comprometida na nova evangelização, o tema da misericórdia exige ser reproposto com novo entusiasmo e uma ação pastoral renovada. É determinante para a Igreja e para a credibilidade do seu anúncio que viva e testemunhe, ela mesma, a misericórdia. A sua linguagem e os seus gestos, para penetrarem no coração das pessoas e desafiá-las a encontrar novamente a estrada para regressar ao Pai, devem irradiar misericórdia. (MV 12)

Lembrando que, também para os dirigentes eclesiásticos, a Misericórdia é a síntese dos "antibióticos curiais" que todos devem fazer uso (DISCURSO, 2014).

c) Igreja da alegria

A aposta que o Papa Francisco faz para tempos novos da Igreja inclui um perfil otimista e alegre em seu horizonte. Não obstante tantos ventos contrários, ele acredita que nada justifica uma postura casmurra e pessimista dos representantes da Igreja e daqueles que frequentam as comunidades eclesiais. Ele afirma:

> Há cristãos que parecem ter escolhido viver uma Quaresma sem Páscoa. Reconheço, porém, que a alegria não se vive da mesma maneira em todas as etapas e circunstâncias da vida, por vezes muito duras. Adapta-se e transforma-se, mas sempre permanece pelo menos como um feixe de luz que nasce da certeza pessoal de, não obstante o contrário, sermos infinitamente amados. (EG 06)

O que o Papa está combatendo na realidade é o que se chama de

> a psicologia do túmulo, que pouco a pouco transforma os cristãos em múmias de museu. Desiludidos com a realidade, com a Igreja ou consigo mesmos, vivem constantemente tentados a apegar-se a uma tristeza melosa, sem esperança, que se apodera do coração como "o mais precioso elixir do demônio". Chamados para iluminar e comunicar vida, acabam por se deixar cativar por coisas que só geram escuridão e cansaço interior e corroem o dinamismo apostólico. Por tudo isto, permiti que insista: Não deixemos que nos roubem a alegria da evangelização! (EG 83)

Nesse sentido, há uma contribuição decisiva por parte da Igreja, pois como "Mãe sempre solícita, a Igreja esforça-se para que as pessoas vivam uma conversão que lhes restitua a alegria da fé e o desejo de se comprometerem com o Evangelho [...]. A Igreja não cresce por proselitismo, mas 'por atração'" (EG 14). De tal modo que o Papa não se move por nenhum sentimentalismo nem romantismo, mas por um nobre ideal que está ao alcance de todos. Ele assegura: "Os desafios existem para ser superados. Sejamos realistas, mas sem perder a alegria, a audácia e a dedicação cheia de esperança. Não deixemos que nos roubem a força missionária!" (EG 109).

Enfim, o Papa quer livrar a Igreja e os cristãos da contradição de anunciarem uma grande e boa notícia, mas com a fisionomia de quem sente medo, temor e tristeza. Obviamente, isso não atrairia ninguém e seria uma negação da preciosidade da mensagem evangélica, que é profundamente jubilosa. Afinal, "A Alegria do Evangelho enche o coração e a vida inteira daqueles que se encontram com Jesus. Quantos se deixam salvar por Ele são libertados do pecado, da tristeza, do vazio interior, do isolamento. Com Jesus Cristo, renasce sem cessar a alegria" (EG 01).

d) Igreja missionária/em saída

Considerando-se que o Papa deseja uma nova etapa no processo de evangelização da Igreja, ele pontua que

> hoje todos somos chamados a esta nova "saída" missionária. Cada cristão e cada comunidade há de discernir qual é o caminho que o Senhor lhe pede, mas todos somos convidados a aceitar esta chamada: sair da própria comodidade e ter a coragem de alcançar todas as periferias que precisam da luz do Evangelho. (EG 20)

Exatamente por essa razão, Francisco apresenta a devida impostação que deve haver para que tudo tenha convergência na missão. Ele pondera:

> Sonho com uma opção missionária capaz de transformar tudo, para que os costumes, os estilos, os horários, a linguagem e toda a estrutura eclesial se tornem um canal proporcionado mais à evangelização do mundo atual que à autopreservação. (EG 27)

Embora a Igreja tenha sua origem nos mistérios trinitário e pascal, foi em Pentecostes que ela recebeu a sua configuração histórica definitiva e tornou-se uma Igreja missionária. Assim, é importante entender que,

> Se a Igreja nasceu católica, quer dizer que nasceu "em saída", que nasceu missionária. Se os apóstolos tivessem permanecido ali no cenáculo, sem sair para levar o Evangelho, a Igreja seria somente a Igreja daquele povo, daquela cidade, daquele cenáculo. Mas todos saíram para o mundo, do momento do nascimento da Igreja, do momento em que desceu sobre eles o Espírito Santo. E por isso a Igreja nasceu "em saída", isso é, missionária. (CATEQUESE, 17/9/14)

Por conseguinte, como outrora ela enfrentou uma série de dificuldades e desafios, também hoje a sua missão não acontece sem adversidades nem obstáculos. Mas nada disso pode desencorajar e atenuar sua ousadia missionária.

Nessa direção, o Papa define muito bem a imagem eclesial-bíblica que está evocando. Para ele "a Igreja 'em saída' é uma Igreja com as portas abertas" (EG 46). Por conseguinte, isso fará com que aconteçam muitas desinstalações no estilo de vida e na organização eclesiástica. Para tanto, o Papa é enfático ao afirmar:

> prefiro uma Igreja acidentada, ferida e enlameada por ter saído pelas estradas, a uma Igreja enferma pelo fechamento e a comodidade de se agarrar às próprias seguranças. Não quero uma Igreja preocupada com ser o centro, e que acaba presa num emaranhado de obsessões e procedimentos. (EG 49)

Em suma, o grande apelo que é dirigido a todos visa pôr "a Igreja em movimento de saída de si mesma, de missão centrada em Jesus Cristo, de entrega aos pobres" (EG 97). Mesmo porque ninguém mais põe em dúvida que "a evangelização é dever da Igreja" (EG 111). Contudo, a consciência pastoral desse Papa nos recorda que "a Igreja não evangeliza, se não se deixa continuamente evangelizar" (EG 174). Com isso, instaura-se uma dinâmica que requer contínua conversão. Caso contrário, não haverá "missão" porque não haverá "saída" e continuaremos fechados e alheios aos desafios que o mundo dos excluídos nos apresenta. Os passos a serem dados são bem claros: tomar a iniciativa, envolver-se, acompanhar, frutificar e festejar (EG 24).

e) Igreja Povo de Deus

Sobre a importância e grandiosidade desse modelo eclesiológico na teologia sobre a Igreja e, especialmente no Vat. II, já tratamos suficientemente bem nos capítulos anteriores. Mas aqui gostaríamos de indicar o quanto Francisco está imbuído também dessa convicção. O Papa se mostra convencido de que "ser Igreja significa ser povo de Deus, de acordo com o grande projeto de amor do Pai" (EG 114). Ele não se omite em declarar um grande apreço por esta eclesiologia, ao afirmar que:

> A imagem da Igreja de que gosto é a do santo povo fiel de Deus. É a definição que uso frequentemente, pois é aquela de LG 12. A pertença a um povo tem um forte valor teológico: Deus na

história da salvação salvou um povo. Não existe plena identidade sem pertença a um povo. (SPADARO, 2013, p. 459)

E, em vista de realçar a igualdade de todos os batizados que formam o Povo de Deus, escreve:

> O sacerdócio ministerial é um dos meios que Jesus utiliza a serviço do seu povo, mas a grande dignidade vem do Batismo, que é acessível a todos. A configuração do sacerdote com Cristo Cabeça – isto é, como fonte principal da graça – não comporta uma exaltação que o coloque por cima dos demais. Na Igreja, as funções "*não dão justificação à superioridade* de uns sobre os outros". (EG 104)

Nesse sentido recorda que

> Em virtude do Batismo recebido, cada membro do povo de Deus tornou-se discípulo missionário (*cf.* Mt 28,19). Cada um dos batizados, independentemente da própria função na Igreja e do grau de instrução da sua fé, é um sujeito ativo de evangelização [...] deve implicar um novo protagonismo de cada um dos batizados. (EG 120)

Na verdade, chama-nos a atenção o quanto o Papa resgata de positivo desse modelo eclesiológico, sobretudo a sua dimensão inclusiva. Ele afirma:

> Este povo, que Deus escolheu para Si e convocou, é a Igreja. Jesus não diz aos Apóstolos para formarem um grupo exclusivo, um grupo de elite. Jesus diz: "Ide, pois, fazei discípulos de todos os povos" (Mt 28, 19). São Paulo afirma que no povo de Deus, na Igreja, "não há judeu nem grego [...], porque todos sois um só em Cristo Jesus" (Gal 3,28). Eu gostaria de dizer àqueles que se sentem longe de Deus e da Igreja, aos que têm medo ou aos indiferentes: o Senhor também te chama para

> seres parte do seu povo, e fá-lo com grande respeito e amor! (EG 113)

Por fim, para que não se confunda Povo de Deus com Igreja institucional, e que se entenda que esta deve estar a serviço daquele, pondera o Papa:

> A evangelização é dever da Igreja. Este sujeito da evangelização, porém, é mais do que uma instituição orgânica e hierárquica; é, antes de tudo, um povo que peregrina para Deus. Trata-se certamente de um *mistério* que mergulha as raízes na Trindade, mas tem a sua concretização histórica num povo peregrino e evangelizador, que sempre transcende toda a necessária expressão institucional. (EG 111)

Além disso, para o Papa

> Falar da Igreja é falar da nossa mãe, da nossa família. A Igreja, na verdade, não é uma instituição com fim em si mesma ou uma associação privada, uma ONG, nem tão pouco se deve restringir o olhar ao clero e ao Vaticano [...] a Igreja somos todos! (CATEQUESE, 18/6/14)

f) Igreja pobre para os pobres

Seguramente que muitas dessas notas eclesiais que Francisco apresenta, alguns julgassem já superadas e eliminadas da vida da Igreja. Mas coerente com a grande tradição cristã e teológica que as contempla, o Papa não pode se omitir em recordá-las. Por isso mesmo uma das mais caras e corajosas é esta que passamos a expor. Pois: "Assim como a Igreja é missionária por natureza, também brota inevitavelmente dessa natureza a caridade efetiva para com o próximo, a compaixão que compreende, assiste e promove" (EG

179). Ora, o fundamento de tal opção é muito claro. Quando se levantam dúvidas, na verdade se manipula ideologicamente, pois "Deriva da nossa fé em Cristo, que Se fez pobre e sempre Se aproximou dos pobres e marginalizados, a preocupação pelo desenvolvimento integral dos mais abandonados da sociedade" (EG 186).

De modo que

> Para a Igreja, a opção pelos pobres é mais uma categoria teológica que cultural, sociológica, política ou filosófica. Deus "manifesta a sua misericórdia antes de mais" a eles. Esta preferência divina tem consequências na vida de fé de todos os cristãos, chamados a possuir "os mesmos sentimentos que estão em Cristo Jesus" (*Fl* 2,5). Inspirada por tal preferência, a Igreja fez uma *opção pelos pobres*, entendida como uma "forma especial de primado na prática da caridade cristã, testemunhada por toda a Tradição da Igreja". Como ensinava Bento XVI, esta opção "está implícita na fé cristológica naquele Deus que Se fez pobre por nós, para enriquecer-nos com sua pobreza". Por isso, desejo uma Igreja pobre para os pobres. Estes têm muito para nos ensinar. (EG 198)

Sendo assim,

> Sem a opção preferencial pelos pobres, "o anúncio do Evangelho – e este anúncio é a primeira caridade – corre o risco de não ser compreendido ou de afogar-se naquele mar de palavras que a atual sociedade da comunicação diariamente nos apresenta". (EG 199)

Importa chamar a atenção para algo que até mesmo em setores da Igreja que defendem efusivamente os pobres, passou-se desapercebido e que o Papa alerta. Ele escreve:

> Dado que esta Exortação se dirige aos membros da Igreja Católica, desejo afirmar, com mágoa, que a pior discriminação que

> sofrem os pobres é a falta de cuidado espiritual. A imensa maioria dos pobres possui uma especial abertura à fé; tem necessidade de Deus e não podemos deixar de lhe oferecer a sua amizade, a sua bênção, a sua Palavra, a celebração dos Sacramentos e a proposta dum caminho de crescimento e amadurecimento na fé. A opção preferencial pelos pobres deve traduzir-se, principalmente, em uma solicitude religiosa privilegiada e prioritária. (EG 200)

Enfim, Francisco demonstra com seus gestos e palavras aquilo que deve caracterizar e iluminar a vida e as opções dos cristãos de todos os tempos. Pois para ele

> qualquer comunidade da Igreja, na medida em que pretender subsistir tranquila sem se ocupar criativamente nem cooperar de forma eficaz para que os pobres vivam com dignidade e haja a inclusão de todos, correrá também o risco da sua dissolução, mesmo que fale de temas sociais ou critique os governos. Facilmente acabará submersa pelo mundanismo espiritual, dissimulado em práticas religiosas, reuniões infecundas ou discursos vazios. (EG 207)

g) Igreja colegial e participativa

O Papa Francisco reconhece que ainda perdura no seio da vida eclesial "uma centralização excessiva, em vez de ajudar, complica a vida da Igreja e a sua dinâmica missionária" (EG 32). Há muito a se fazer nessa linha.

> Só para dar um exemplo, no diálogo com os irmãos ortodoxos, nós, os católicos, temos a possibilidade de aprender algo mais sobre o significado da colegialidade episcopal e sobre a sua experiência da sinodalidade. Através de um intercâmbio de dons, o Espírito pode conduzir-nos cada vez mais para a verdade e o bem. (EG 246)

Pois para Francisco "é belo, então, quando os bispos, com o Papa, exprimem esta colegialidade e procuram ser sempre mais e melhores servidores dos fiéis, mais servidores na Igreja!" (CATEQUESE, 05/11/14). Sem adentrar na questão específica das conferências episcopais, vale destacar o que Francisco afirma enfaticamente:

> Não convém que o Papa substitua os episcopados locais no discernimento de todas as problemáticas que sobressaem nos seus territórios. Neste sentido, sinto a necessidade de proceder a uma salutar "descentralização". (EG 16)

Dessa maneira, ele se dispõe a

> estimular e procurar o amadurecimento dos organismos de participação propostos pelo *Código de Direito Canônico* e de outras formas de diálogo pastoral, com o desejo de ouvir a todos, e não apenas alguns sempre prontos a lisonjeá-lo. Contudo, o objetivo destes processos participativos não há de ser principalmente a organização eclesial, mas o sonho missionário de chegar a todos. (EG 31)

No que se refere mais especificamente à participação dos(as) leigos(as) na Igreja, o Papa admite que há ainda limitações "em alguns casos, porque não se formaram para assumir responsabilidades importantes, em outros por não encontrar espaço nas suas Igrejas particulares para poderem exprimir-se e agir por causa de um excessivo clericalismo que os mantém à margem das decisões" (EG 102).

Ele reconhece que

> um grande dom do Concílio Vaticano II foi aquele de ter recuperado uma visão de Igreja fundada na comunhão e de ter

> interpretado também o princípio da autoridade e da hierarquia em tal perspectiva. Isto nos ajudou a entender melhor que todos os cristãos, enquanto batizados, têm igual dignidade diante do Senhor e têm em comum a mesma vocação, que é aquela à santidade. (CATEQUESE, 19/11/14)

O desdobramento prático desse reconhecimento de princípio faria da Igreja uma instância mais colegial, mais participativa e menos clerical. É por isso que o Papa questiona e lembra os bispos:

> Temos como critério habitual o discernimento pastoral, servindo-nos dos Conselhos Diocesanos? Tanto estes como os Conselhos paroquiais de Pastoral e de Assuntos Econômicos são espaços reais para a participação laical na consulta, organização e planejamento pastoral? O bom funcionamento dos Conselhos é determinante. Acho que estamos muito atrasados nisso. (Aos bispos responsáveis do Celam, p. 75)

E o próprio Papa foi capaz de uma atitude exemplar nesse sentido, ao instituir a Comissão dos oito cardeais. Ele afirmou:

> Sabemos que é importante ter um organismo consultivo externo, não os organismos consultivos que já existem, mas de fora. Isso põe-se cada vez na linha - aqui eu faço como que uma abstração, pensando, mas faço-o para explicá-lo – na linha do amadurecimento da relação entre sinodalidade e primado. Ou seja, estes oito cardeais favorecem a sinodalidade, ajudam os diversos episcopados do mundo para se expressarem no próprio governo da Igreja. (Encontro do Santo Padre com jornalistas no voo de regresso, p. 89)

E a própria metodologia de realização do Sínodo sobre a Família revelou um desejo pessoal do Papa de um maior envolvimento de toda a Igreja. Ademais, ele estimulou a discussão aberta e sincera entre os padres sinodais a fim de amadurecerem juntos as ideias em torno do assunto em pauta.

Em suma, aquilo que Francisco mais deseja é que a Igreja seja vista como "a casa de todos, não uma capelinha na qual cabe só um grupinho de pessoas seletas. Não podemos reduzir o seio da Igreja universal a um ninho protetor de nossa mediocridade" (SPADARO, 2013, p. 460). E sobre uma praga que atrapalha a vida eclesial, sentencia:

> *O clericalismo* é também uma tentação muito atual na América Latina. Curiosamente, na maioria dos casos, trata-se de uma cumplicidade pecadora: o pároco clericaliza e o leigo lhe pede por favor que o clericalize, porque, no fundo, lhe resulta mais cômodo [...]. A proposta dos grupos bíblicos, das comunidades eclesiais de base e dos Conselhos pastorais se colocam na linha de superação do clericalismo e de um crescimento da responsabilidade laical. (Aos bispos responsáveis do Celam, p. 78)

h) Igreja de conversão

A Igreja de Francisco só se realizará se houver verdadeiramente um processo de conversão maciço. A história nos atesta que em momentos decisivos fez-se necessário mudar completamente sua rota. E com isso criou-se a convicção de que continuamente a Igreja deveria se avaliar a fim de se renovar. Por isso, o Papa lembra que

> O Concílio Vaticano II apresentou a conversão eclesial como a abertura a uma reforma permanente de si mesma por fidelidade a Jesus Cristo: "Toda a renovação da Igreja consiste essencialmente numa maior fidelidade à própria vocação. [...] A Igreja

> peregrina é chamada por Cristo a esta reforma perene. Como instituição humana e terrena, a Igreja necessita perpetuamente desta reforma". (EG 26)

Francisco não tem receio em reconhecer que "também o papado e as estruturas centrais da Igreja universal precisam de ouvir este apelo a uma conversão pastoral" (EG 32). Por isso, não se torna descabido, nem fora de propósito, o discurso corajoso e forte feito pelo Papa Francisco aos cardeais e demais colaboradores da Cúria Romana por ocasião do Natal de 2014. Ele não economizou tinta no elenco das tentações e doenças que podem acometer qualquer grupo humano, inclusive eclesiástico-curial. No fundo, o apelo papal é para que a conversão seja não somente dos fiéis em geral, mas de todos os membros da Igreja (incluindo os dirigentes). O objetivo era sublinhar que devemos todos crescer em comunhão, santidade e sabedoria em vista da missão (DISCURSO, 2014).

Isso posto, o Papa recorda também que

> a Igreja é mãe e prega ao povo como uma mãe fala ao seu filho, sabendo que o filho tem confiança de que tudo o que se lhe ensina é para seu bem, porque se sente amado. Além disso, a boa mãe sabe reconhecer tudo o que Deus semeou no seu filho, escuta as suas preocupações e aprende com ele. (EG 139)

Além disso, a Igreja deve ir ao encontro dos batizados que estão desligados ou distantes para que possam experimentar uma "conversão que lhes restitua a alegria da fé e o desejo de se comprometerem com o Evangelho" (EG 14).

Por fim, para evitar um olhar apenas *ad intra* quando se trata da conversão, importa observar aquilo que o Papa assinala, ou seja, que

> cada Igreja particular, porção da Igreja Católica sob a guia do seu Bispo, está, também ela, chamada à conversão missionária. Ela é o sujeito primário da evangelização, enquanto é a manifestação concreta da única Igreja num lugar da terra e, nela, "está verdadeiramente presente e opera a Igreja de Cristo, una, santa, católica e apostólica". (EG 30)

De modo que todo o movimento de renovação é em vista de realizar melhor a missão, pois a

> "pastoral" nada mais é que o exercício da maternidade da Igreja. Ela gera, amamenta, faz crescer, corrige, alimenta, conduz pela mão [...]. Por isso, faz falta uma Igreja capaz de redescobrir as entranhas maternas da misericórdia. Sem a misericórdia, poucas possibilidades temos hoje de inserir-nos em um mundo de 'feridos', que têm necessidade de compreensão, de perdão, de amor. (Encontro com o episcopado brasileiro, p. 58)

i) Igreja mãe e pastora

Em consonância a uma rica tradição o Papa Francisco evoca também essa imagem explicando que

> a maternidade da Igreja se coloca propriamente em continuidade com aquela de Maria, como um prolongamento seu na história. A Igreja, na fecundidade do Espírito, continua a gerar novos filhos em Cristo, sempre na escuta da Palavra de Deus e na docilidade ao seu desígnio de amor. A Igreja é mãe (CATEQUESE, 3/9/14).

Por conseguinte, há que se fazer uma autocrítica a partir dessa definição eclesial abundantemente utilizada. Diz o Papa:

> Como estamos tratando o povo de Deus? Sonho com uma Igreja Mãe e Pastora. Os ministros da Igreja devem ser misericordiosos, tomar a seu cargo as pessoas, acompanhando-as como o bom samaritano que lava, limpa, levanta o seu próximo. Isto é Evangelho puro. Deus é maior que o pecado. As reformas organizativas e estruturais são secundárias, isto é, vêm depois. A primeira reforma deve ser a da atitude. Os ministros do Evangelho devem ser capazes de aquecer o coração das pessoas, de caminhar na noite com elas, de saber dialogar e mesmo de descer às suas noites, na sua escuridão, sem perder-se. O povo de Deus quer pastores e não funcionários ou clérigos de Estado. Os bispos, em particular, devem ser capazes de suportar com paciência os passos de Deus no seu povo, de tal modo que ninguém fique para trás, mas também para acompanhar o rebanho que tem o faro para encontrar novos caminhos. (SPADARO, 2013, p. 462)

Enfim, a maternidade e o pastoreio da Igreja serão expressos por meio do cuidado e da ternura. Francisco afirma abertamente sua convicção sobre isso:

> Pra mim, é fundamental a proximidade da Igreja. Porque a Igreja é mãe, e nem você nem eu conhecemos uma mãe por correspondência. A mãe [...] dá carinho, toca, beija, ama. Quando a Igreja, ocupada com mil coisas, se descuida dessa proximidade, se descuida disso e só se comunica com documentos, é como uma mãe que se comunica com seu filho por carta. (ENTREVISTA, 2013)

j) Igreja simples e profética

Desde o início do seu ministério como bispo de Roma e pastor da Igreja universal, Francisco tem dado sinais evidentes do modo como deseja que resplandeça a face da Igreja para o mundo, ou seja, de forma simples e humilde. Ele pessoalmente sempre pautou sua vida pelo estritamente necessário e assumiu um estilo de vida austero e parecido com o das pessoas comuns (paga suas contas, carrega a própria mala nas viagens, usa os sapatos costumeiros, compartilha da mesa com outras pessoas, mora em um apartamento simples, sorri e demonstra afeto às pessoas), ou seja, evita dar-se a aparência de pessoa importante ou distinta.

Em sua concepção não deve haver busca por prestígio, pompas e ostentação na Igreja, pois isso se assemelharia mais à vida palaciana ou de corte (EG 95). A simplicidade que defende Francisco não tem nada a ver com simplismo, pseudopobreza ou vulgaridade. Ao contrário, significa alcançar um grau de elegância e de bom gosto sem se tornar ridículo, ostensivo e escandaloso à gente simples. Para uma cultura eclesiástica marcada por séculos pelo requinte, isso exigirá uma intensa e profunda experiência de conversão (metanoia). Mas o Papa está convencido de que "temos que dar testemunho de uma certa simplicidade – eu diria, inclusive, de pobreza [...]. Já o Concílio tinha chamado atenção para isso: uma vida mais simples, mais pobre também. Isso de maneira geral" (ENTREVISTA, 2013). E especificamente sobre a figura do bispo, adverte:

> Os Bispos devem ser Pastores, próximos das pessoas, pais e irmãos, com grande mansidão: pacientes e misericordiosos. Homens que amem a pobreza, quer a pobreza interior como liberdade diante do Senhor, quer a pobreza exterior como simplicidade e austeridade de vida. Homens que não tenham "psicologia de príncipes". Homens que não sejam ambiciosos e que sejam esposos de uma Igreja sem viver na expectativa de outra. (Aos bispos responsáveis do Celam, p. 80)

Todavia, o que está em jogo é o testemunho que a Igreja poderá ou não oferecer ao mundo. Francisco se mostra convencido disso afirmando: "Acredito que Deus está nos pedindo, neste momento, mais simplicidade. É algo interior, que Ele pede à Igreja" (ENTREVISTA, 2013). Mais ainda,

> a Igreja deve sempre lembrar é que não pode afastar-se da simplicidade; caso contrário, desaprende a linguagem do Mistério. E não só ela fica fora da porta do Mistério, mas, obviamente, não consegue entrar naqueles que pretendem da Igreja aquilo que não podem dar-se por si mesmos: Deus. Às vezes, perdemos aqueles que não nos entendem, porque desaprendemos a simplicidade, inclusive importando de fora uma racionalidade alheia ao nosso povo. Sem a gramática da simplicidade, a Igreja se priva das condições que tornam possível "pescar" Deus nas águas profundas do seu Mistério. (Encontro com o episcopado brasileiro, p. 52)

Ora, perder essa chance é fortalecer o lado somente institucional e organizativo em detrimento da comunidade simples de irmãos que deve caracterizar a Igreja. E até mesmo na comunicação que se estabelece, deve haver esse cuidado de assegurar o essencial sem se perder em elucubrações, pois "outros esqueceram a simplicidade e importaram de fora uma racionalidade alheia à gente" (EG 232).

A profecia acontece sob várias formas, inclusive por meio do modo de vida, que se torna uma denúncia tácita frente a uma inversão de valores que ocorre dentro da sociedade. E Francisco deixa transparecer, em seu posicionamento contrastante, a sua crítica a um padrão econômico-social consumista e causador de exclusão. Mas sua parrésia leva-o também a se colocar em linha de continuidade com a tradição bíblica dos profetas, e por isso, a denunciar explicitamente que hoje devemos dizer "não a uma economia da exclusão e da desigualdade social". Esta economia mata. Não é possível que a morte por enregelamento dum idoso sem abrigo não seja notícia, enquanto o é a descida de dois pontos na Bolsa. Isto é exclusão. Não se pode tolerar mais o fato de se lançar comida no lixo, quando há pessoas que passam fome. Isto é desigualdade social. Hoje, tudo entra no jogo da competitividade e da lei do mais forte, no qual o poderoso engole o mais fraco. Em consequência desta situação, grandes massas da população veem-se excluídas e marginalizadas: sem trabalho, sem perspectivas, num beco sem saída. O ser humano é considerado, em si mesmo, como um bem de consumo que se pode usar e depois lançar fora. Assim teve início a cultura do "descartável", que aliás chega a ser promovida. Já não se trata simplesmente do fenômeno de exploração e opressão, mas de uma realidade nova: com a exclusão, fere-se, na própria raiz, a pertença à sociedade onde se vive, pois quem vive nas favelas, na periferia ou sem poder já não está nela, mas fora. Os excluídos não são "explorados", mas resíduos, "sobras". (EG 53)

O Papa está afinado com a doutrina social da Igreja e com a denúncia que alguns antecessores seu já fizeram e por isso não tergiversa em afirmar que:

> As reivindicações sociais, que têm a ver com a distribuição das entradas, a inclusão social dos pobres e os direitos humanos não podem ser sufocados com o pretexto de construir um consenso de escritório ou uma paz efêmera para uma minoria feliz. A dignidade da pessoa humana e o bem comum estão por cima da tranquilidade de alguns que não querem renunciar aos seus privilégios. Quando estes valores são afetados, é necessária uma voz profética. (EG 218)

6.6 *No fim está o começo de tudo*

Optamos por coroar esta breve exposição a respeito da Igreja de Francisco com as palavras do então cardeal Jorge Mario Bergoglio, em sua intervenção na congregação geral de cardeais, em março de 2013, na preparação ao conclave que elegeria o sucessor do Papa Bento XVI. No dizer do arcebispo de Havana, o cardeal Jaime Ortega, foi "uma intervenção que me pareceu magistral, esclarecedora, comprometedora e correta". Segue, portanto, o discurso que contém um projeto eclesial e pastoral daquele que se tornaria o novo líder na Igreja. É com essa inspiração que Francisco orienta e anima a Igreja:

1. Evangelizar supõe zelo apostólico. Evangelizar supõe na Igreja a parresía de sair de si mesma. A Igreja é chamada a sair de si mesma e ir para as periferias, não apenas geográficas, mas também as periferias existenciais: as do mistério do pecado, da dor, das injustiças, das ignorâncias e recusa religiosa, do pensamento, de toda miséria.
2. Quando a Igreja não sai de si mesma para evangelizar, torna-se autorreferencial e então adoece (*cf.* a mulher encurvada sobre si mesma do Evangelho). Os males que, ao longo do tempo, dão-se nas instituições eclesiais, têm raiz na autorreferencialidade, uma espécie de narcisismo teológico. No Apocalipse, Jesus diz que está à porta e bate. Evidentemente, o texto se refere ao fato de que Jesus bate do lado de fora da porta para entrar [...]. Mas penso nas vezes em que Jesus bate do lado de dentro para que o deixemos sair. A Igreja autorreferencial quer Jesus Cristo dentro de si e não o deixa sair.
3. A Igreja, quando é autorreferencial, sem se dar conta, acredita que tem luz própria; deixa de ser o *mysterium lunae* e dá lugar a esse mal tão grave que é a mundanidade espiritual (segundo

de Lubac, o pior mal que pode sobrevir à Igreja). Esse viver para dar-se glória uns aos outros. Simplificando: há duas imagens de Igreja: a Igreja evangelizadora que sai de si – a *Dei Verbum religiose audiens et fidenter proclamans*, ou a Igreja mundana que vive em si, de si e para si. Isto deve dar luz às possíveis mudanças e reformas que se tenha que fazer para a salvação das almas.

4. Pensando no próximo Papa: um homem que, a partir da contemplação de Jesus Cristo e da adoração de Jesus Cristo ajude a Igreja a sair de si para as periferias existenciais, que a ajude a ser a mãe fecunda que vive da "doce e confortadora alegria de evangelizar". (A doce e confortadora alegria de evangelizar, 26/3/2013)

Assim, poderíamos sintetizar a eclesiologia do Papa Francisco como a da Igreja da mística em ação, da Igreja pobre e para os pobres, da Igreja missionária e não autorreferencial, da Igreja em diálogo com a sociedade e em atitude misericordiosa. Verdadeiramente, na base de tudo isso está, conforme já frisamos tantas vezes, a recuperação do Vaticano II. Pois não se trata de reinventar a Igreja, mas de continuar a reforma do governo central aos locais, segundo constatação, feita também em outros tempos, da Igreja. Por isso, os principais traços que deveriam caracterizar a comunidade eclesial hodierna seriam: mais sinodalidade/colegialidade/participação, mais proximidade da realidade do povo, novo modo de exercer a autoridade (subsidiariedade), mais liberdade para a produção teológica e uma gestão moderna da "máquina eclesiástica", ou seja, mais descentralizada.

Enfim, quisemos somente destacar aquilo que está em curso e em ato no ministério de Francisco como pastor da

Igreja, reconhecendo sobretudo a surpresa positiva que a sua eleição significou. Porque

> ainda é cedo para se afirmar que Francisco possa ser contado entre os sujeitos que alteram de maneira significativa o panorama eclesial. Em todo caso, não se pode negar que ele representa uma ruptura de estilo e de perspectiva [...]. (AQUINO JÚNIOR, 2015, p. 994)

Sem dúvidas, ulteriormente caberão análises de cunho eclesial e pastoral para avaliar as muitas conquistas e alguns limites desse cenário eclesial que se formou - ao modo do que ocorreu no início de seu pontificado com as inúmeras expectativas, sugestões e sonhos.[12]

---

12 Apenas para ilustrar, nesse sentido, *cf.* PASSOS, J. D.; SOARES, A. M. L. (Org.), *Francisco: renasce a esperança*. São Paulo: Paulinas, 2013; DA SILVA, J. M. (Org.). *Papa Francisco: perspectivas e expectativas de um papado*. Petrópolis: Vozes, 2014; e um fascículo exclusivo dessa temática: V. A. Sugestões ao Papa Francisco. *Revista eclesiástica brasileira*, v. 75, 2015.

CONSIDERAÇÕES GERAIS

Com base em tudo que foi exposto, gostaríamos de salientar que ao longo da história da Igreja nem todos os concílios foram importantes, como por exemplo o V Concílio de Latrão. Certamente, por uma série de razões isso ocorreu . Todavia, acreditamos que tem sentido (e isso não é exagero) dar destaque ao Vat. II, pois verdadeiramente ele foi o maior evento eclesial do século XX.

O Concílio Vaticano II não aconteceu somente como um milagre, mas foi preparado e gestado através de tantos personagens, movimentos e ações. Talvez à primeira vista a tendência seja enxergar apenas a LG como único documento eclesiológico e o fruto por excelência deste evento. Todavia, a nova visão eclesiológica que se inaugura com o Vat. II perpassa todos os textos conciliares, e se constitui num "filtro" para se compreender a vida eclesial.

Seria necessário um ensaio à parte para que fosse tratado com a devida atenção o processo de recepção do Concílio na vida da Igreja. De qualquer forma, assinalamos que esta não foi nem passiva, nem mera "aplicação" das decisões e proposições conciliares. Principalmente no contexto socioeclesial latino-americano a recepção significou um processo criativo e seletivo, dialético e vital. E aqui vale fazer um parêntese para assinalar que a "recepção" como realidade teológica deve pressupor: eclesiologia de comunhão, espaço para uma pneumatologia, importância da Igreja local e respeito ao *sensus fidei* de seus membros (MIRANDA, 2013, p. 105). Em outras palavras, as boas sementes do Concílio encontraram no terreno da Igreja latino-americana um solo fértil e favorável, ou seja, propício ao desenvolvimento. Muito embora alguns pedregulhos se fizessem presentes também.

Em termos de qual hermenêutica é a mais adequada e condizente em se tratando do Vat. II, acreditamos, sem necessidade de alimentar aporias e celeumas, que seja clarividente a continuidade na descontinuidade. Pois isso assegura uma continuidade doutrinal, porém aponta para a ruptura pastoral necessária.

Enfim, tornou-se patente que o Vat. II não possui uma eclesiologia, mas eclesiologias. Todavia, prevalece do seu arcabouço e do "*logos*" eclesial que forja, uma visão renovada da missão da Igreja na sociedade moderna. Nesse sentido, pondera-se que a Igreja pós-conciliar é sobretudo uma Igreja "extroverta" (voltada para fora) e que exige uma eclesiologia dinâmica. Esta eclesiologia é substancialmente uma teologia da missão da Igreja ou da evangelização. Portanto, o Vat. II mirou a missão para entender a Igreja, consequentemente, a Igreja se tornou mais missionária. E esse é um atributo irrenunciável ao Povo de Deus, que segue sua marcha na História.

REFERÊNCIAS

ACERBI, A. *Da una ecclesiologia giuridica a una ecclesiologia di comunione*. Milano: Facoltà teologica interregionale, 1974.

______. *Due ecclesiologie: ecclesiologia juridica ed ecclesiologia di comunione nella* Lumen gentium. Bologna: Dehoniane, 1975.

______. A recepção do Concílio Vaticano II em um contexto histórico transformado. *Concilium,* v. 166, n. 6, 1981, p. 862-871.

______. "Para uma nova forma do ministério petrino". *In:* Dos ANJOS, M. F. (Org.). *Bispos para a esperança do mundo: uma leitura crítica sobre caminhos de Igreja*, São Paulo: Paulinas, 2000, p. 149-193.

A DOCE E CONFORTADORA ALEGRIA DE EVANGELIZAR. Disponível em: <www.ihu.unisinos.br/noticias/518772-esta-e-a-intervencao-magistral-do-cardeal-bergoglio-no-pre-conclave>. Acesso em: 21/6/2016.

ALBERIGO, G. Eleição, consenso, recepção na experiência cristã. *Concilium,* v. 77, 1972, p. 845-855.

______. Transizione epocale? A quarant'anni dall'inizio del Concilio. *Concilium,* v. 38, n. 5, 2002. p. 172-193.

______. "Forme Storiche di Governo nella Chiesa Universale". *In:* PRODI, P. (Ed.). *Forme storiche di governo nella Chiesa universale*. Bologna: Clueb, 2003, p. 207-225.

ALBERIGO, G. Perspectiva do Vaticano II 40 anos após. O Vaticano II e sua história. *Concilium,* v. 312, n. 4, 2005, p. 431-443.

ALBERIGO, G.; BEOZZO, J. O. (Coord.). *História do Concílio Vaticano II,* I. Petrópolis: Vozes, 1995.

ALMEIDA, J. A. Modelos Eclesiológicos e ministérios eclesiais. Revista Eclesiástica Brasileira, v. 48, 1988, p. 310-352.

ANGELINI, G. "Sinodalità e forme della coscienza credente". *In:* BATTOCHIO, R.; NOCETI, S. (Ed.). ATI *Chiesa e sinodalità. Coscienza, forme, processi*. Milano: Glossa, 2007, p. 3-29.

ANTÓN, A. *Primado y colegialidad.* Madrid: BAC, 1970, p. 32-79.

______. *El mistério de la Iglesia, II*. Madrid: BAC, 1987.

______. "Eclesiología posconciliar: esperanzas, resultados y perspectivas para el futuro". *In:* LATOURELLE, R. (Ed.). *Vaticano II: balance y perspectivas*. Salamanca: Sígueme, 1989, p. 275-294.

______. El capítulo del pueblo de dios en la eclesiología de la comunidad. *Estudios eclesiásticos.* v. 161, n. 42, 1967, p. 155-181.

AQUINO JÚNIOR, F. Panorama eclesial com o Papa Francisco. *Revista eclesiástica brasileira,* v. 75, 2015, p. 990-1006.

ARRIETA, J. S. La visión histórico-salvífica de la Iglesia en la Constitución *Lumen gentium*, del Vaticano II. *Estudios eclesiásticos,* v. 162, n. 42, 1967, p. 331-354.

BARREIRO, A. *"Povo santo e pecador". A Igreja questionada e acreditada*. São Paulo: Loyola, 1994.

BARROS, P. C. Colegialidade episcopal no Vaticano II. O Concílio convida-nos a resgatar um dado fundamental da tradição eclesial *Perspectiva teológica,* v. 37, 2005, p. 199-224.

BELTRANDO, P. *Diaconi per la Chiesa. Itinerario ecclesiologico del ripristino del ministero diaconale*. Milano: IPL, 1977.

BENTIVEGNA, G. Verso una ecclesiologia esistenziale: premesse del Vaticano II per un nuovo concetto di Chiesa. *Rassegna di Teologia,* v. 8, n. 3, 1967, p. 129-140.

BEOZZO, J. O. "Igreja Particular e Colegialidade Episcopal: Do Vaticano I ao Vaticano II". *In:* ARROCHELLAS, M. H. (Ed.). *A Igreja e o exercício do poder*. Rio de Janeiro: *Cadernos do ISER,* n. 26, 1992, p. 121-172.

BETTAZZI, L. *Non spegnere lo Spirito. Continuità e discontinuità del Concilio Vaticano II*. Queriniana: Brescia, 2006.

BETTI, U. "Cronistória da Constituição". *In:* BARAÚNA, G. (Ed.). *A Igreja do Vaticano II*. Petrópolis: Vozes, 1965, p. 135-159.

BINGEMER, Maria Clara. A *misericórdia como chave de leitura da ética cristã*. Disponível em: <ceseep.org.br>. Acesso em: 18/4/2016.

BOFF, C. Uma análise de conjuntura da Igreja católica no final do milênio. *Revista eclesiástica brasileira*, v. 56, 1996, p. 125-149.

BOFF, L. Contribuição da eclesiogênese brasileira à Igreja Universal. *Concilium,* v. 296, n. 3, 2002, p. 376-381.

______. "La Magna Charta dell'ecologia integrale: grido della Terra – grido dei poveri". *In*: BOFF, L.; ZANOTELLI, A.; GIRAUD, G., GIACCARDI, C.; COSTA G. *Curare la madre terra. Commenti all'enciclica "Laudato si" di Papa Francesco.* Bologna: EMI, 2015, p. 5-20.

BORGHI, G. "Ma non tutto nel Concilio è attuale". Disponível em: <http://www.vinonuovo.it/index.php?l=it&art=969>. Acesso em:13/9/2012.

BRIGHENTI, A. *Em que o Vaticano II mudou a Igreja*. São Paulo: Paulinas, 2016.

CARDEAL SUENENS. *A co-responsabilidade na Igreja de hoje*. Petrópolis: Vozes, 1969.

CATEQUESE sobre a Igreja. Disponível em: <www.franciscanos.org.br/?p=65897>. Acesso em: 17/6/2016.

CERFAUX, L. *La Théologie de l'Église suivant saint Paul*. Paris: Cerf, 1948.

CIPOLINI, P.C. A Igreja e seu rosto histórico. Modelos de Igreja e modelo de Igreja na cidade. *Revista eclesiástica brasileira,* v. 41, 2001, p.825-853.

CODINA, V. *Para compreender a Eclesiologia a partir da América Latina*. São Paulo: Paulinas, 1993.

CODINA, V. Três modelos de Eclesiologia. *Estudios eclesiásticos,* v. 58, n. 224, 1983, p. 55-82.

______. "Nova configuração da Igreja". *In:* BRIGHENTI, A.; ARROYO, F. M. (Org.). *O Concílio Vaticano II: batalha perdida ou esperança renovada?* São Paulo: Paulinas, 2015, p. 108-127.

COFFY, R. *L'Église. L'héritage du Concile,* Paris: Desclée, 1984.

COMBLIN, J. "Depuis la fin du pontificat de Pie XII". *In:* GUCHT R.; VORGRIMLER, H. (Ed.). *Bilan de la Théologie du XXe siècle I.* Paris: Tournai Casterman, 1970, p. 479-491.

______. Vaticano II ontem e hoje. *Revista Vida Pastoral,* v. 26, n. 125, 1985, p. 2-10.

______. *O Espírito Santo e a libertação.* IV, Petrópolis: Vozes, 1987.

______. *Vocação para a liberdade.* São Paulo: Paulus, 1998.

______. *O povo de Deus.* São Paulo: Paulus, 2001.

CTI, "Temas selectos de Eclesiología (1984)". *In:* POZO, C. *Documentos 1969-1996.* Madrid: BAC, 1998, p. 327-375.

CONCÍLIO VATICANO I. "Const. dogm. *Pastor aeternus*". *In*: DENZINGER, H. *Enchiridion symbolorum.* Bologna: Dehoniane 2001, p. 1060-1071.

CONCÍLIO VATICANO II. *Compêndio do Vaticano II. Constituições, decretos, declarações.* Petrópolis: Vozes, 2000.

CONGAR, Y. *Chrétiens désunis. Principes d'un "aecumenisme" catholique.* Paris: Cerf, 1937.

______. *Esquisses du mystère de l'Église.* Paris: Cerf, 1941.

______. *Jalons pour une théologie du laïcat.* Paris: Cerf, 1953. (Unam sactam, 23).

______. *Sainte Église. Étude et approches ecclésiologiques.* Paris: Cerf, 1963.

______. A Igreja como Povo de Deus. *Concilium,* v. 1, 1965, p. 8-26.

______. *L'Église. De saint Augustin à l'époque moderne.* Paris: Cerf, 1970.

______. *Igreja e papado: perspectivas históricas.* São Paulo: Loyola, 1997.

CONGAR, Y. *Mon journal du Concile, vol. I*. Paris: Cerf, 2002.

CONGAR, Y.; DUPUY, B. D. *L'episcopat et l'église*. Paris: Cerf, 1962 (Unam sanctam, 39).

DANNEELS, G. *Rapport final II*. *In:* SYNODE EXTRAORDINAIRE, celebration de Vatican II. Paris: Cerf, 1986, p. 549-567.

DA SILVA, J.M. (org.), *Papa Francisco: perspectivas e expectativas de um papado*. Petrópolis: Vozes, 2014.

DEJAIFVE, G. La Magna Charta de Vatican II. La Constitution Lumen gentium. *Nouvelle revue theologique*, v. 87, 1965, p. 3-22.

DIANICH, S. *Ecclesiologia. Questioni di metodo e una proposta*. Cinisello Balsamo: San Paolo, 1993.

DIANICH, S.; NOCETI, S. *Tratado sobre a Igreja*. Aparecida: Santuário, 2007.

DIBELIUS, O. *Das Jahrhundert der Kirche. Geschichte, Betrachtung, Umschau und Ziele*. Berlin: Furche Verlag, 1926.

DISCURSO do Papa Francisco. Disponível em: <w2.vatican.va/content/francesco/pt/speeches/2014/december/documents/papa-francesco_20141222_curia-romana.html>. Acesso em: 17/6/2016.

O'DONNELL, C. "Lumen gentium". *In*: O'DONNELL, C.; PIÉ-NINOT, S. *Diccionario de Eclesiología*. Madrid: San Pablo, 2001, p. 666-667.

O'DONNELL, C.; PIÉ-NINOT, S. *Diccionario de Eclesiología*. Madrid: San Pablo, 2001.

DUÉ, A.; LABOA, J. M. *Atlas histórico do Cristianismo*. Aparecida: Santuário; Petrópolis: Vozes, 1999.

DUQUOC, C. *Je crois en l'Église*. Paris: Cerf, 2000.

DULLES, A. *A Igreja e seus modelos*. São Paulo: Paulinas, 1978.

______. A eclesiologia católica desde o Vaticano II. *Concilium*, v. 208, n. 6, 1986, p. 665-676.

ENTREVISTA exclusiva do Papa Francisco. Disponível em: <g1.globo.com/platb/blog-do-camarotti/2013/07/29/leia-a-entrevista-exclusiva-do-papa-francisco/>. Acesso em: 17/6/2016.

EYT, P. Vers une Eglise démocratique? *Nouvelle revue theologique*, v. 91, 1969, p. 597-613.

FLORISTÁN, C. Modelos de Igreja subjacentes à ação pastoral. *Concilium*, v. 196, n. 6, 1984, p. 787-795.

FRIES, H. "Modificação e evolução histórico-dogmática da imagem da Igreja". *In:* FEINER, J.; LÖHRER, M. (Ed.). *Mysterium salutis*, n. 4, Petrópolis: Vozes 1975, p. 5-59;

FROSINI, G. *A Teologia hoje*. Vila Nova de Gaia: Perpétuo Socorro, 2001.

DE LA FUENTE, Eloy Bueno. *Eclesiología*. Madrid: BAC, 2001.

GAUTHIER, P. *Consolez mon peuple. Le Concile et l'Église des pauvres*. Paris: Cerf, 1965.

GIOVANNI XXIII, Allocuzione di S.S. Giovanni XXIII in occasione della solenne apertura del Concilio ecumenico Vaticano II. *La civiltà cattolica*, v. 113, n. 1962, p. 209-217.

GIRAUD, G. "'Laudato si': un appello decisivo" *In:* BOFF L.; ZANOTELLI, A., GIRAUD, G.; GIACCARDI, C.; COSTA, G. *Curare la madre terra. Commenti all'enciclica "Laudato si" di Papa Francesco.* Bologna: EMI 2015, p. 33-42.

GONZÁLEZ FAUS, J. I. *La humanidad nueva, vol. II*. Santander: Sal Terrae, 1974.

GROOTAERS, J. "Peuple de Dieu". *In*: MATHON, G.; BAUDRY, G.-H. (Ed.). *Catholicisme. Hier, aujourd'hui, demain.* Lille-Paris: Letouzey et Ané, 1988, p. 98-121. Tomo 9, fascículo 49.

HAMMAN, A. *Para ler os Padres da Igreja*. São Paulo: Paulus, 1995.

HÄRING, H. "Église/Ecclésiologie". *In:* EICHER, P. (Ed.). *Nouveau dictionnaire de theologie*. Paris: Cerf, 1996, p. 250-257.

HÉGY, P. *L'autorité dans de catholicisme contemporain: du Syllabus à Vatican II.* Paris: Beauchesne, 1975.

HEINZ, H., Democracia en la Iglesia. Corresponsabilidad y participación de todos los bautizados. *Selecciones de Teología*, v. 35, 1996, p. 163-172.

HORNEF, J.; WINNINGER, P. "Chronique de la restauration du diaconat (1945-1965)". *In:* WINNINGER, P.; CONGAR, Y. *Le diacre dans l'Église et le monde d'aujourd'hui*. Paris: Cerf, 1966, p. 205-221. *Unam Sanctam* 59.

HORNEF, J. Diaconado vitalício. *Concilium*, v. 38, n. 8, 1968, p. 111-119.

IRENEU DE LIÃO. *Contra as Heresias*. Paulus: São Paulo, 2009.

KAUFMANN, F-X. *A crise na Igreja: como o Cristianismo sobrevive?* São Paulo: Loyola, 2013.

KERKVOORDE, A. "Elementos para uma teologia do diaconato". *In:* BARAÚNA, G. (Ed.). *A Igreja do Vaticano II*. Petrópolis: Vozes, 1965, p. 923-965.

KLOPPENBURG, B. *Concílio Vaticano II, vol. 3*. Petrópolis: Vozes, 1963-1964.

______. "As vicissitudes da *Lumen gentium* na Aula Conciliar". *In:* BARAÚNA, G. (ED.). *A Igreja do Vaticano II*. Petrópolis: Vozes, 1965, p. 194-251.

______. *O cristão secularizado*. Petrópolis: Vozes, 1970.

KOMONCHAK, J.A., "L'ecclesiologia di comunione. *In:* ALBERIGO, G. (Ed.). *Storia del Concilio Vaticano II, vol. 4*. Bologna: Mulino 1999, p. 19-118.

______. "Introduction". *In*: SYNODE EXTRAORDINAIRE, celebration de Vatican II. Paris: Cerf, 1986, p. 9-32.

KUNG, H. *Cristianesimo. Essenza e storia*. Milano: Rizzoli, 1997.

LAZZATI, G., "Chiesa e libertà". *In:* V.A. *La libertà oggi*. Milano: Massimo, 1986, p. 171-193.

LEGRAND, H. "O ministério do Papa. Primado e colegialidade no Vaticano II". *In:* DOS ANJOS, M. F. (Org). *Bispos para a esperança do mundo: uma leitura crítica sobre caminhos de Igreja*. São Paulo: Paulinas, 2000, p. 99-127.

______. "La sinodalità al Vaticano II e dopo il Vaticano II. Un'indagine e una riflessione teologica e istituzionale". *In:* BATTOCHIO,

R.; NOCETI, S. (ED.). *Chiesa e sinodalità. coscienza, forme, processi.* Milano: Glossa, 2007, p. 67-108 (Forum ATI, 3).

______. Synodes et conseils de l'après-concile. *Nouvelle revue theologique*, n. 98, 1976, p. 193-216.

LIBANIO, J. B. *Cenários da Igreja.* São Paulo: Loyola, 2000.

______. *Concílio Vaticano II. Em busca de uma primeira compreensão.* São Paulo: Loyola, 2005.

LOHFINK, G. *Como Jesus queria as comunidades? A dimensão social da fé cristã.* São Paulo: Paulinas, 1986.

LORSCHEIDER, A. A redefinição da figura do bispo no meio popular pobre e religioso. *Concilium*, v. 196, n. 6, 1984, p. 754-757.

DE LUBAC, HENRI. *Catholicisme. Les aspectes sociaux du dogme.* Paris: Cerf, 1938.

LUNEAU, A. *Église ou troupeau.* Paris: Ouvrières, 1972.

MCKENZIE, J. *L'autorità nella Chiesa.* Torino: Gribaudi, 1969.

MILITELLO, C. *La Chiesa "il corpo crismato".* Bologna: Dehoniane, 2003.

MIRANDA, M. F. *Igreja e sociedade.* São Paulo: Paulinas, 2009.

______. *A Igreja que somos nós.* São Paulo: Paulinas, 2013.

MIRANDA, M. F. Verdades urgentes para uma renovação eclesial. *Revista eclesiástica brasileira*, n. 289, 2013, p. 125-149.

MŒLLER, C. *Mentalité moderne et évangelisation.* Bruxelles: Lumen vitae, 1955.

______. "O fermento das Ideias na elaboração da Constituição". *In:* BARAÚNA, G. (Ed.). *A Igreja do Vaticano II.* Petrópolis: Vozes, 1965, p. 160-193.

MONDIN, B. *La Chiesa primizia del Regno.* Bologna: Dehoniane, 1986.

MOOG, F. *La participation des laïcs à la charge pastorale.* Paris: Desclée de Brouwer, 2010.

MUÑOZ, R. As Conferências Episcopais numa eclesiologia de comunhão e participação. *Perspectiva teológica,* v. 26, n. 68, 1994, p. 65.

NEWBIGIN, L. *L'Église, peuple des croyants, corps du christ, temple de l'esprit.* Neuchâtel-Paris: Delauchaux et Niestlé, 1958.

ÖRSY, L. Il popolo di Dio. *Il Regno-Attualità,* v. 54, n. 14, 2009, p. 435-439.

PALÁCIO, C. "A Igreja na sociedade. Para uma interpretação da 'consciência' e da 'práxis' atuais da Igreja no Brasil". *In*: PALÁCIO, C. (Ed.). *Cristianismo e história.* São Paulo: Loyola 1982, p. 307-350.

PAOLO VI. Allocuzione di S. S. Paolo VI ai Padri del Concilio Ecumenico. *La civiltà cattolica,* v. 114, n. 4, 1963, p. 105-120.

PAPA FRANCISCO. Aos bispos responsáveis do Conselho Episcopal Latino-Americano (Celam) por ocasião da reunião geral de coordenação. *SEDOC,* v. 46, 2013A, p. 73-80.

______. Encontro do Santo Padre com jornalistas no voo de regresso. *SEDOC,* v. 46, 2013B, p. 85-107.

PAPA FRANCISCO. Encontro com o episcopado brasileiro. *SEDOC,* v. 46, 2013, p. 49-60.

______. *Evangelii gaudium. A alegria do evangelho.* São Paulo: Paulus/Loyola, 2013.

______. *Laudàto si. Louvado seja. Sobre o cuidado da casa comum.* São Paulo: Paulus/Loyola, 2015.

______. *Lumen fidei. Sobre a fé.* São Paulo: Paulus/Loyola, 2013.

______. *Misericordiae vultus. O rosto da misericórdia.* São Paulo: Paulus/Loyola, 2015.

PAPA JOÃO XXIII. *Gaudet Mater Ecclesia.* Roma, 11/10/1962, VII, 2 e VI, 5.

PASSOS, J. D.; SOARES, A. M. L (Org.). *Francisco: renasce a esperança.* São Paulo: Paulinas, 2013.

PHILIPS, G. *A Igreja e seu mistério no II Concílio do Vaticano I.* São Paulo: Herder, 1968.

PIÉ-NINOT, S. *Introdução à Eclesiologia.* São Paulo: Loyola, 1994.

PIÉ-NINOT, S. *Eclesiología. La sacramentalidad de la comunidad cristiana*. Salamanca: Sígueme, 2009.

PEGORARO, J. Igreja, Sacramento do Reino de Deus. Perspectivas jurídicas. *Revista vida pastoral*, n. 111, 1983, p. 27-32.

PRETTO, H. A eclesiologia das CEBS. *Revista vida pastoral*, v. 24, n. 111, 1983, p. 21-26.

QUINN, J. R. *Reforma do papado: indispensável para a unidade cristã*. Aparecida: Santuário, 2002.

RAHNER, K. Observações teológico-pastorais sobre o Episcopado na doutrina do Vaticano II. *Concilium*, n. 3, 1965, p. 14-20.

______. *Trasformazione strutturale della Chiesa come compito e come chance*. Brescia: Queriniana, 1973.

RAHNER K.; VORGRIMLER, H. *Diaconia in Christo: über die Erneuerung des Diakonats*. Freiburg: Herder, 1962.

RATZINGER, J. As implicações pastorais da doutrina sobre a Colegialidade dos Bispos. *Concilium*, n. 1, 1965, p. 27-49.

______. "A Colegialidade dos Bispos. Desenvolvimento teológico". *In:* BARAÚNA, G. (Org.). *A Igreja do Vaticano II*. Petrópolis: Vozes, 1965, p. 763-788.

______. *Popolo e casa di Dio in Sant'Agostino*. Milano: Jaca Book, 1971.

______. *Il nuovo popolo di Dio*. Brescia: Queriniana, 1984.

______. *Chiesa, ecumenismo e politica*. Cinisello Balsamo: Paoline, 1987.

RIKHOF, H. As eclesiologias de LG, LEF e S. CIC. *Concilium*, v. 167, n. 7, 1981, p. 970-982.

ROCHE, J. *Liberté du chrétien, autorité de l'Église*. Paris: Librairie Arthème Fayard, 1972.

ROUSSEAU, O. "A Constituição no quadro dos movimentos renovadores de teologia e de pastoral das últimas décadas". *In:* G. BARAÚNA (ED.). *A Igreja do Vaticano II*. Petrópolis: Vozes 1965, p. 115-134.

ROUTHIER, G. "Église locale" ou "Église particulière": querelle sémantique ou option théologique? *Studia canonica,* v. 25, 1991, p. 278-334.

RUBERT, A. Os bispos do Brasil no Concílio Vaticano I (1869-1870). *Revista eclesiástica brasileira,* v. 29, 1969, p. 103-120.

RUIZ DE GOPEGUI, J. A. O Concílio Vaticano II quarenta anos depois. *Perspectiva teológica,* v. 37, 2005, p. 11-30.

SCHATZ, K. *Il primato del Papa. La sua storia dalle origini ai nostri giorni.* Brescia: Queriniana, 1996.

SCHICKENDANTZ, C. Memória do "novo" do Vaticano II: aventura para o desconhecido. *Perspectiva teológica,* v. 45, 2013, p. 35-59.

SEMMELROTH, O. "A Igreja, o novo povo de Deus". *In*: BARAÚNA, G. (Ed.). *A Igreja do Vaticano II.* Vozes: Petrópolis 1965, 471-485.

SESBOUÉ, B. *De quelques aspects de l'Église.* Desclée de Brouwer: Paris, 2011.

DE SOUZA, R. C. *Palavra, parábola: uma aventura no mundo da linguagem.* Aparecida: Santuário, 1990, p. 236-245.

SPADARO, A. Evangelii gaudium. Radici, struttura e significato della prima esortazione apostolica di Papa Francesco. *La civiltà cattolica,* v. 164, 2013, p. 417-433.

______. Intervista a Papa Francesco. *La civiltà cattolica, v.* 164, 2013, p. 449-477.

SUESS, P. Vinho com gotas de vinagre. Exortação apostólica "A alegria do Evangelho" do Papa Francisco. Um vade-mécum sobre o anúncio do Evangelho no mundo atual. *Revista eclesiástica brasileira,* v. 74, 2014, p. 160-173.

______. Missas e ministros midiáticos, alinhados a padrões de marketing podem destruir o sagrado. Disponível em: <http://www.ihuonline.unisinos.br/index.php?option=com_content&view=article&id=4558&secao=398>. Acesso em: 13/8/2012.

TABORDA, F. *A Igreja e seus ministros. Uma teologia do ministério ordenado*. São Paulo: Paulus, 2011.

TIERNEY, B. Modelos históricos do papado. *Concilium*, n. 108, 1975, p. 56-65.

TILLARD, J.-M. R. *O bispo de Roma*. São Paulo: Loyola, 1985.

TIHON, P. Quelques études sur le diaconat. *Nouvelle revue theologique*, v. 87, 1965, p. 602-605.

______. "L'Église". *In*: SESBOÜÉ, B. *Histoire des dogmes, t. 3: Les signes du salut*. Paris: Desclée 1995, p. 339-561.

TORRES QUEIRUGA. A. *Fim do Cristianismo pré-moderno. Desafios para um novo horizonte*. São Paulo: Paulus, 2003.

WERBICK, J. *La Chiesa*. Brescia: Queriniana, 1998.

WIEDENHOFER, Siegfried. "Eclesiologia". *In*: SCHNEIDER, T. (Org.). *Manual de Dogmática, vol. II*. Petrópolis: Vozes, 2001, p. 50-142.

VELASCO, R. *A Igreja de Jesus: processo histórico da consciência eclesial*. Petrópolis: Vozes, 1996.

VONIER. A. *The people of God*. London: Burns, Oates & Washbourn, 1937.

ANEXO

Eclesiologia do Povo de Deus em forma de esquema

1. FUNDAMENTAÇÃO BÍBLICA

- Ideias-chave: *eleição divina* (Gn 12,1-3) e *aliança* (Gn 9,9).
- *âm* = povo ou família de Deus (sentido religioso e político); *gôyim* = aos demais povos.
- Ex 19,1-8; 24,1-8; Lv 26,11-13.
- Com os profetas o conceito de PdD adquire um sentido amplamente escatológico: Jr 4,4; 9,4; Zc 2,15; Is 42,6.
- 1 Cor 11,25: nova aliança.
- 1 Pdr 2,9-10 que recolhe Ex 19,6 e Is 43,20-21.
- Gal 3,7.9.28-29: a fé é o meio para se pertencer ao PdD.
- Rm 9,6-9: Israel segundo a carne e segundo o Espírito.
- Ef 2,11-19: um só povo (judeus e pagãos); elemento novo.

2. REFERÊNCIA NA PATRÍSTICA E NA LITURGIA

- Pastor de Herma: novo povo.
- Justino: na eleição da Igreja, o cumprimento da promessa feita a Israel.
- Ireneu, Hipólito e Orígenes: seguem a mesma linha.

- Agostinho: usa as expressões *populus Dei* e *populus fidelis* para sublinhar a universalidade da Igreja.
- "Plebs, plebs sancta, familia Dei e populus" = "Estão vivos e presentes na linguagem da liturgia".
- A oração litúrgica é formulada com um *Nós* = pluralidade interpessoal concelebrante da qual o presidente é ministro ordenado, intérprete e voz.
- Exemplos: Orações Eucarísticas I, II, III e IV.

3. PRINCIPAIS EXPOENTES TEOLÓGICOS

- Diferente dos demais modelos eclesiológicos que reaparecem no século XIX, o termo bíblico e teológico de PdD ganha força no século XX.
- No ensaio de Mannes D. Koster, "Ekklesiologie im Werden" (1940), temos a primeira colocação do tema de PdD.
- A publicação de "Mystici corporis" privilegiando a categoria de "corpo místico" gera reações.
- VONIER, Anscar. *The people of God*, 1937 (pequeno volume).
- VON RAD, Gerhard. *Das Gottesvolk im Deuteronomium*, 1929.
- *Manual de direito canônico* (1953) terá a definição da Igreja como: *"o novo povo de Deus que vive em ordem hierárquica para realizar o reino de Deus sobre a terra"*. O autor ressalta: as únicas a terem valor objetivo são: *ekklesia* e *laos theou*.
- Na linha exegética: Nils A. Dahal, Albert Oepke, Lucien Cerfaux, Rudolf Schnackenburg etc.
- Na pesquisa histórico-patrística: destaque a Joseph Ratzinger.
- Expoente máximo é Yves Congar, pois mostra o valor da noção de PdD: histórico, antropológico, ecumênico, dialógico e como Povo messiânico.

4. CONTRIBUIÇÕES PRÉ-VATICANO II

- Renovação litúrgica (1909), movimento ecumênico (1925), movimento bíblico etc.
- Y. Congar, *Chrétien désunis*, 1937.
- ________. *Esquisses du mystère de l'Église*, 1941.
- H. de Lubac, *Catholicisme*, 1938.
- Lucien Cerfaux, *La théologie de l'Église suivant saint Paul*, 1948.
- Pesquisa e discussões da Conferência Episcopal Alemã.
- Escolas teológicas de Jerusalém, Louvain, Tübingen (John Adam Möhler) etc.

5. MODELO ASSUMIDO NO CONCÍLIO VATICANO II

- LG (Cap. II), AG 2, GS 32, 45 e 92, UR 3, DH 12, SC 41, CD 11, AA 3.

6. A FASE PÓS-CONCÍLIO

- SÍNODO DE 1985:
    - O relatório final: minimiza o valor de PdD e o acusa de ser categoria sociológica e reducionista.
    - Põe fim à polissemia de sentido dos textos conciliares.
    - Ora, uma óptica exclusivista gera mais infidelidades que esclarecimentos.
    - Sem ser conciliarista, mas devemos respeitar o que afirmou o Concílio.

7. A IMPORTÂNCIA DESTE MODELO

- resgata a tradição eclesiológica da Igreja do primeiro milênio;

- vence a dicotomia entre estrutura de organização e espírito de liberdade;
- passa de estruturas de autoridade e poder para estruturas de liberdade e participação;
- evita reproduzir os clássicos erros cristológicos em eclesiologia: docetismo e o nestorianismo;
- Igreja PdD = pequeno rebanho: adesão livre;
- Comunidade do PdD com função de fazer a "maiêutica histórica" da liberdade.

8. ENFIM...

- A grande novidade do Vat. II deriva da Igreja como PdD.
- O temor existe por causa da ênfase no aspecto histórico--humano da Igreja.
- De fato há algumas lacunas:
    a. falta maior estreitamento entre o II e III caps. de LG;
    b. a herança tridentina presente no inconsciente coletivo eclesial.
- A CTI afirma que a eclesiologia de PdD deve ser tomada de maneira preferencial sem excluir as demais imagens.

Esta obra foi composta em CTcP
Capa: Supremo 250g – Miolo: Pólen Bold 70g
Impressão e acabamento
Gráfica e Editora Santuário